石原伸晃
根本匠

自民復権

GS
幻冬舎新書
139

自民復権／目次

編集協力　西川修一

1——石原 今、日本が直面する政治危機と課題

日本が抱える最大の危機

今、日本は大きな危機に直面しています。世界的な大不況によって失業率は一向に回復の兆しを見せません。それに加え、社会保険庁の年金記録漏れや日本郵政をめぐる政府の対応など、政治、とりわけ自民党への不信感をいっそう募らせる出来事が重なりました。

今や、われわれ自民党の政治家が何を口にしようとも、国民はアレルギーを起こすでしょう。妻に愛想を尽かされた亭主のように、われわれは途方にくれた状態です。そうした状況を引き起こした責任を、自民党代議士の一人として重く受け止めています。

一方で、経済不況が続き、国が自信を喪《うしな》うなか、人々はいかにも耳に心地よい、都合の良いスローガンについ心を奪われがちです。

農家の所得補償、子ども手当、高校は無償、高速道路も無料などの、数々のバラまき政策に始まり、不人気だとの理由だけでせっかく導入した後期高齢者医療制度をやめ、さらには「消費税は四年間は議論しない」などと、目先の人気をとるためだけにうまいことを言う。それでは無責任だと批判されると、「増税はしないが、議論はする」と前言を翻す。極めつきに、「うまくいかないかもしれないが、一度民主党に政権をとらせて『実験』をさせてほしい」などと、政権をとることを「実験」と言い切る、無責任極まりない発言をする政治家までいます。政治信条も、信念も、哲学もない、そんな発言に、残念ながらマスメディアも迎合しています。

私はこうした薄っぺらな言葉が大手を振ってまかり通る今の状況に深い憂慮を覚えずにはいられません。この状況こそが、日本が現在抱える最大の危機だと考えています。

危機の進行は決して待ってはくれません。このまま黙って放置していれば、日本は、浮上するチャンスを見出《みいだ》せぬまま、方向も定まらず、ただただ漂流するでしょう。ただ漂流するならまだしも、まったく望まない方角へ、気付いたら流されていたということにもなりかねません。

そういう意味で、今は、日本の分岐点といえると思います。

分岐点に何が必要か。それは、たとえ多くの人にとって耳障りで、痛みを伴う改革であっても、政治家は正しいと思うことを主張しなければならない、ということです。未来の日本にとって正しいこと、やるべきことを言葉にし、そして着実に実行しなければならないのです。

このような問題意識から、われわれ二人は本書を共同執筆する決意を固めました。

政治家主導の政策立案を

当時、建設官僚だった根本さんとは、私が一九九〇年に衆院選で初当選したときに初めてお会いしました。すぐに意気投合し、根本さんが政界に転じてからは一緒に政策集団を組み、「政策新人類」という呼び名を頂戴しながら政策立案の現場に関わり、実績を積み上げてきました。

政治家には、政局に強い人と政策に強い人がいます。日本のマスメディアは圧倒的に政局の方をニュースとして多く取り上げます。権力争いは見ていて興味深いし、人間くさい政治の局面は面白いからです。

しかし、政局を追っても、国が具体的にどのような方向に進むのかはよく見えてきません。具体的な方向を決めるのは、政策に関わる政治家です。

一方で実質的な政策立案に携われば携わるほど、政治家の負担は増えます。まず、当たり前のことではありますが、常に勉強をしていなければなりません。何が国民にとっていい政策なのか、どうすればより良い日本になるのか。正解は一つではありませんし、勉強にはキリがありません。しかしいくら勉強したところで、それが直接的に、選挙のときに票に結びつくものでもありません。政策立案で頑張っていますよ、というのは選挙区でのアピールにはあまりならないのです。何とも地味で、浮かばれない側面もあります。ですから、ほとんどの政治家は、これまで長いこと、政策の立案を霞が関の官僚に任せっきりにしていました。

衆議院でも参議院でも常に自民党が過半数を占めていた長期安定政権時代には、それでも、優秀な官僚に任せておけば、たいていのことがうまくいきました。冷戦中の米ソ二極体制の下では、最も弱い者に歩調を合わせる「護送船団方式」の運営で事足りていましたし、「箸《はし》の上げ下げにまで口を出す」と言われた官僚たちが、国の隅々まで目配りをする社会で、何ら問題は起きていなかったのです。日本は善《よ》くも悪くも、政治家ではなく官僚が政策を策定する、官僚主導型国家でした。

世の中の変化に対応できる政策判断を

しかし、今や状況は大きく変わりました。社会変化のスピードが速まり、世界的な自由競争の波に直面する現在、硬直化した官僚体制にいつまでも判断を委《ゆだ》ねているわけにはいきません。より柔軟に、よりスピーディに、世の中の変化に対応できる政策決定を政治家が下さなければなりません。

今ほど政治家が、民間に広く知恵を求め、多くの情報源を開拓し、大胆な発想で政策立案しなければならない時代はありません。

官僚の持つ知識や経験を活用しつつも、官僚に依存することなく、ときに官僚との対立を怖れず、戦略的に行動する必要があります。

日本の将来を考えたとき、すべてが良いことずくめというわけにはいきません。ときには、国民に痛みを求める政策もあるでしょう。そんな時、国民に選ばれたわけでもなく、結果に責任をとらない官僚に、国民に対する説明ができるはずはありませんし、また、させてはならない。

政治家と官僚との最も大きな違いは、国民への説明義務と、結果に対する責任です。

霞が関は、一種の国家的シンクタンクですから、日本にとって良いと思われる政策を立案すればいい。その中で、どの案を採用するか決めるのは政治家の役目です。だからこそ、政治家はなぜその政策を選んだか、国民にしっかりと説明する義務と、結果に対する責任を負うのです。

政策に強い根本さんとは、これまで良き同志として、地味と言われながらも、共に政策立案に積極的に取り組んできました。そしてこの危機に直面するに当たり、今こそ、二人で声を上げなくてはならないと判断しました。

国の未来のため、今やらなければならないことを、われわれは躊躇《ちゅうちょ》してはいけない。その問題意識がわれわれを駆り立てています。

社会に蔓延する「不安」を払拭する政治を

今、日本の社会を言いようのない閉塞《へいそく》感が覆っています。

小泉改革によって、バブル崩壊後の「失われた一〇年」から、日本がようやく抜け出し、一息ついたのもつかの間、今度はリーマン・ショックが世界経済をこれまでにない混乱に陥れました。確かに日本経済は現在、たいへん厳しい状況にあります。しかし、この閉塞感は、国民を覆う重苦しい気分は、果たして日本経済の状況が厳しいからだけなのでしょうか。

将来に希望が持てない。安心して老後が迎えられない。社会的に弱い立場にあるお年寄りから、不安の声が聞かれます。その不安の原因の一つは、間違いなく年金問題にあります。

日本の年金制度は、制度としては良くできています。世界の他の国と比べても、日本はうまく年金のシステムが機能している国といえます。実際、これまでは納めてきた金額より多くの年金を受け取ってきた。細かな部分には瑕疵《かし》があったとしても、全体としては、過去の日本の年金システムは順調に機能してきた。そのことは多くの国民も認めるところだと思います。実際、ほんの十数年前までは、将来、年金を受け取れないかもしれないと考える人はむしろ少数派だったのではないでしょうか。

ところが、社会保険庁のでたらめな仕事ぶりによる一連の不祥事によって、年金問題がにわかにクローズアップされた。マスコミの誤解に満ちた報道、年金を政争の具にしようとした一部の政治家によってその不安が増幅されました。

年金の制度、それ自体が悪いという人が現れ、新しい制度に変更しようとの議論が始まっています。より良き制度に見直すことはもちろん悪いことではありませんが、国民が年金を不安に感じている最中に、税方式とか保険方式とか、新しい言葉がマスコミに報道され、余計にわけがわからなくなってしまっています。

日本がこれまでにないスピードで少子高齢化の道を進んでいるとはいっても、冷静に考えれば、年金問題が起きる前と後で社会構造が大きく変わっているわけではありません。また、年金制度が大きく変更されたわけでもない。しかし、年金に対する国民の信頼は大きく損なわれてしまいました。

なぜ、これほどまでに年金制度は国民の信頼を失ってしまったのか。そこに、私は現在の様々な社会不安に共通してみられる、本質的な問題を感じます。

説明責任を果たしてこそ信頼が生まれる

物事がうまくいっている間は、細かい仕組みまで知らなくても安心していられる。ところが、いったん不安になってしまうと、細部がわからないことで、余計に心配になってしまう。知らないことが不安を増幅する。人間なら誰でも当たり前のことです。

年金問題でいえば、これまで国民は年金のシステムを信頼してくださっていた。安心して政府に年金を預けてくれていた。その反面、安心していたからこそ、その制度を理解しようとする人は少なかった。政府の側も、国民の信頼に寄りかかって、きちんとした説明をしてこなかった。そこに現在の年金不信の根本があります。

ＢＳＥの問題を思い出してください。アメリカがきちんと検査をしたから大丈夫といくら言っても、科学者がこういう種類の牛は大丈夫だと根拠を示しても、国民は牛肉を口にしようとはしませんでした。

新型インフルエンザの問題も同じです。政府がインフルエンザは水際で食い止めているから、国内は安全だと言っても、国民はマスクを買いに走った。

なぜ、こんなことが起きるのか。一番の原因は国民への説明責任が果たされていなかったことにあります。説明責任が果たされていないとは、単なる説明不足というだけではありません。良い面ばかりを強調し、悪い面を示してこなかったということです。

物事には常に両面があります。良いところがあれば悪いところもある。それなのにその一面だけを見せられていたのでは、本当の信頼関係は築けません。だから、一度疑いが生じると、それを晴らすことができないのです。

財源の確保なしに安定した社会保障制度は生まれない

安全と安心。よく似た言葉ですが、実はこの二つはまったく違います。

現在は、政府が声をからして「もう安全だ」と言っても、国民はまったく「安心」していない。そんな状態にあります。特に信頼を失いつつある自民党がいくら声を大にして叫ぼうとも、その声はなかなか届きません。

冷静に見れば、日本の年金制度は良くできている。年金は安全だと主張する人は多い。海外からも、なんで日本人はそんなに年金を不安に思っているのか理解できないという疑問の声を聞きます。その答えは一つ。国民は今、年金制度が安全かどうかを問うているのではなく、安心かどうかを問うているからです。

安全な制度から安心な制度への一歩を、われわれはいかにして踏み出すことができるのか。必要なのはまず、きちんと説明をすることです。国民にとって聞こえのいいことばかりを並べるのではなく、良いところも悪いところもその両方をはっきりと示すことです。

少子高齢化の日本において、今後の社会保障の財源を確保することなしには、安定した制度は生まれません。徹底的に行政改革を推し進めて無駄を省き、天下りや渡りを根絶してぬるま湯に浸《つ》かる役人を退場させ、国会議員を削減して自ら身を切って、その後に、景気の状況を見極めて消費税を上げる。そして、それは社会保障だけに使う。それが日本の社会保障制度を安定させ、将来の不安を除く道です。

つらい道だからと逃げてはいけません。「バラまき」ではダメなのです。それではまた同じことの繰り返しになってしまいます。

政治がその責任を果たし、国民が一丸となって難局に立ち向かうことができれば、現在厳しい状況にあるといっても、希望を失う必要はありません。日本にはまだまだ、沢山の誇るべき財産があります。

将来に対する不安が減少すれば、国民は安心して暮らすことができる。世界一といわれる金融資産も、タンスに眠るだけではなく消費に回るでしょう。豊富な人材や豊かな感性、世界最先端の技術など、日本は他の国にないものを沢山持っている。その能力を発揮できるかどうかに、日本の将来がかかっている。そのためには、安全から安心への一歩を踏み出すための努力を、政治が今、始めなければなりません。

責任をとる政治を

自民党は今、国民からの信頼を失っています。「安倍さんも辞めた、福田さんも辞めた、そんな無責任がまかり通るのか」と、よくお叱《しか》りの声をいただきます。ごもっともです。ひたすら謝るしかありません。

また、「二世はひ弱だ」ともいわれます。どれだけ努力をしても、世間の人は厳しい目で見ています。

それでも私は、最後は責任をとれるかどうかだと思っています。そして、すべての不安には必ず解決策があります。われわれは自信を持って、その解決策を提示できます。悲観ばかりする必要はありません。日本は必ず浮上します。

ただし、その際に、繰り返しになりますが、われわれの使命は、国の未来にとって必要なことは、たとえ批判にさらされようとも断行することにあります。

たとえそれが国民にとって痛みを伴うものであったとしても、私たちは正しい選択をしなければならないし、それをきちんと国民に説明し、理解を求める努力を怠ってはいけない。

それが政治家の責任です。

信頼を失っている今だからこそ、われわれは腹をくくり、今まで以上に本気で政治に取り組みます。それでしか、信頼される政治を取り戻す方法はありません。

日本再生の三つの鍵

本書では、社会に漂う漠然とした不安感を少しでも取り除き、どうしたら日本の未来が明るくなるのか、その課題と解決方法を提示します。

やるべきことは山ほどありますが、その中で、われわれが特に緊切と考える三つのテーマに限って検討します。

限られたテーマ設定ではありますが、これらをきちんと実現すれば、日本は希望に満ちた国に生まれ変わると信じています。そしてここに書くことは、夢物語ではありません。われわれが責任を持ってきちんと形にできる事柄です。

まず、日本復活の鍵として三つの事柄を考えています。

第一は環境分野にあります。江戸期、鎖国中の日本は、国内資源ですべてを賄う究極のリサイクル社会でした。今、世界的に沸き起こっている「環境」ブームが目指す社会を既に実現していたともいえます。長い歴史に培われた、浪費よりも倹約を美徳とする国民性や、世界に類のない四季を愛《め》で、自然とともに生きることを尊ぶ文化は、現代に生きる日本人が、知らず知らず祖先より受け継いだ誇るべき特性です。

この貴重な財産を活かせば、高い環境技術に裏打ちされ、少ない資源を循環して使い回す日本型環境モデル社会の構築が可能です。そして、地球の温暖化への対策が急がれる今、世界中で環境対応技術への需要は急増しています。それを供給できるのは、世界一の環境技術先進国、省エネ大国・日本なのです。

第二に農業林業といった第一次産業の再生です。ここでいう第一次産業の再生とは、元気のない農林水産業への単なるテコ入れということではありません。日本人が失おうとしている絆《きずな》の復活です。故郷《ふるさと》の再生です。日本人は今、心の拠《よ》り所《どころ》を見失い、自信を喪っている。日本人にとって最後の支えは故郷です。里山や川、水田、棚田、雑木林、海岸など地域の環境を再生し、地域の絆を再構築し、故郷、ひいては国土を、日本人の心の拠り所を創造することが日本再生の肝といえます。

農業はダメだダメだといわれていますが、そんなことはありません。少し工夫すれば、安全・高品質の日本製の食糧は海外でも競争力を持つでしょう。製造業の強さは「メイド・イン・ジャパン」として既にブランド化しています。農業分野でもブランド力をこれからつけていくべきです。食糧大国・食糧輸出国を目指します。

第三に少子高齢化社会への対応です。その第一は年金問題でしょう。先ほどから述べているように、現在の年金への不信は、社会保険庁のでたらめな仕事が引き起こした一連の不祥事によって始まり、それを政争の具として煽《あお》った政治家や、追随したマスコミによって広がったことによるものがほとんどです。何より政治家が説明責任を果たしてこなかった。

後ほど詳しくご説明しますが、年金制度は破綻《はたん》しません。そして、安心な社会を実現するためには、単に年金問題に取り組むだけでなく、医療、介護、福祉を含めた社会保障制度全体を、総合的に改革する必要があります。

私と根本さんはこれまでも共に政策立案を行ってきて、基本的な問題意識は共有しています。しかし、三つのテーマに対するアプローチ方法は重なる部分もあれば、必ずしも一致しない点もあります。したがって、違いは違いとして提示するため、それぞれが考えを述べる形式をとりました。

まずは、なぜ日本がダメになったのか。バブル後から今に至るまでの二〇年間を遡《さかのぼ》って検討します。

2——根本 失われた二〇年を振り返る

野党議員として出発

石原さんと初めてお会いしたのは、石原さんが初当選したときです。当時、私はまだ建設省（現・国土交通省）の中堅官僚でした。

「省を挙げて石原伸晃先生を応援しよう」と、各年次から一人ずつ選ばれた六人のメンバーで、石原さんを囲んで勉強会を開きました。その後も新人議員と建設省の中堅官僚として、将来の日本について自分たちがなすべき政策について語り合いました。

その後、私も一九九三年に衆議院議員に当選します。自民党が三八年ぶりに野党に転落した総選挙でした。

日本の国会には、衆議院、参議院共に本会議と委員会が設けられ、国会議員は委員会に属することになっています。各委員会で審議された法律案が本会議で採決され、政策ができます。与党は政府を後押しし、法案を通す立場にあるため質問は少なく、政府の政策を質《ただ》す野党側は質問の機会が多いのが普通です。

それまでの三八年間、ずっと与党だった自民党の議員は、質問の経験が少なかった。

野党に転じたことで、沢山ある質問の時間をどう使っていいのかわかっていませんでした。

それは野党の新人議員であった私にとって願ってもないチャンスでした。政府・与党に公の場で対峙《たいじ》できる機会は委員会しかありません。厚生委員会に属した私は、理事から「質問しないか」と声をかけられるたびに喜び勇んで質問に立ち、政治の面白さに取り憑《つ》かれていきました。

政治家は勉強しなければならない

政権交代が考えられなかった五五年体制の下では、官僚はいわば〝万年与党〟自民党のシンクタンクでした。官僚が立案した政策を自民党の政務調査会に持ち込み、それを自民党議員が政治力で実現する。やりたいことを実現するために、官僚の方から擦り寄ってきました。

しかし、野党に転落すると官僚の態度は一変します。以前は一声かけると局長クラスが飛んできたのに、細川政権発足後は若手しか来ません。政務調査会にも官僚は来なくなります。あまりの変わりように、自民党のベテラン議員は「野党になんかなるもんじゃない」と嘆息することしきりでした。

ただ、私の場合は初当選時に野党議員でしたから、そうした五五年体制の慣習がまったく気になりませんでした。委員会だけでなく分科会でもよく質問しました。

質問するといっても、ただ聞けばいいわけではありません。その場で自分の知識を誇っても意味がない。まして、わからないことを教えてくれとお願いする場ではありません。

それこそ大学受験の頃にも経験したことがないくらいの猛勉強をしました。国会図書館は、聞きたい事項について資料集めを依頼しておくと、きちんと揃《そろ》えてくれます。大いに利用しました。野党議員でも、国会図書館は平等に接してくれました。

それだけではありません。委員会で質問することが決まると、係長クラスの若手官僚が議員会館の事務所まで「ご説明」に来ます。どんな質問をするのかを確認し、関連する施策を二〇～三〇分レクチャーしてくれるのです。

こうした機会も逃しませんでした。彼らをつかまえてあれこれ議論を挑み、二時間くらいのブレーンストーミングを重ねることで法律や制度が立体的に把握できるようになりました。

こうした経験を通じて、政策立案能力は、政治家個人の能力にかかっているということがよくわかりました。

政治家は勉強しないと官僚と対等にやり合うことはとてもできません。

自民党は九四年六月に社会党・さきがけと手を組み、再び政権与党に復帰します。五五年体制に染まることのなかった石原さんをはじめとする若手議員とともに切磋《せっさ》琢磨《たくま》することで、この一五年余、様々な政策立案に関わってきました。

経済至上主義の終焉

そして現在、日本は未曾有《みぞう》の危機にあります。老後不安、生活不安が深刻です。それにつけ込むかのように民主党は政権交代を唱えています。その危機を乗り越えるため、日本の未来を良くするためにも、まずは、バブル後日本に何が起きたのか、この二〇年間を、反省も含めて、明らかにする必要があります。今の日本の不景気、生活に対する不安感を生んだ根本的な原因がこの二〇年にあるといって過言ではないからです。

現在の世界経済危機の本質は、欧米型の経済至上主義の終焉《しゅうえん》です。単なるリセッション（景気後退）ではなく、まさにわれわれは今、時代の転換点に直面しています。

その直接的原因は、アメリカのバブル崩壊です。バブル経済とは、実体経済とかけ離れた投資経済の異常な膨張であり、崩壊はその異常な収縮です。その影響はもちろん日本にも及んでいます。日本経済においても、アメリカほどの規模ではないにせよ、同様の膨張と収縮傾向が起きています。

見直すべきは対外需要、とりわけアメリカ市場への輸出に頼りすぎた経済成長モデルです。今となっては周知のとおりですが、過大に膨張したアメリカ金融経済は、「尻尾が犬を振り回す」といわれるほど実体経済を振り回しました。

急激に上下を繰り返し、国民生活を振り回すジェットコースターのような経済・社会では、誰も幸せになれません。市場は常に正しいわけではなく、市場に任せていいことといけないことをきちんと峻別《しゅんべつ》する必要があります。

八〇年代を通じてアメリカ、イギリスを蘇《よみがえ》らせた経済的自由主義＝新自由主義の洗礼は、バブル後も官僚統制型の経済システムから脱却し切っていなかった日本にとって避けて通れぬ道でした。

二〇〇一年に発足した小泉内閣が「改革なくして成長なし」の旗印の下に推し進めた大胆な政策の数々は、まさに新自由主義に基づいたものでした。レーガン米元大統領と並ぶ新自由主義の象徴的人物、マーガレット・サッチャー英元首相の「金持ちを貧乏にしても、貧乏人は金持ちにはならない」という言葉に象徴されるように、遅ればせながら市場を思い切って自由化し、能力のある者、高い可能性のある者の持てる力を開花させ、その活力を十二分に発揮させることに主眼が置かれました。

バブル後の長い低迷に喘《あえ》いでいた日本経済において、小泉改革は大きな成果を上げ、経済の回復を主導しました。

九七年の金融危機からの回復

小泉内閣ができる三年前、私と石原さんは安倍晋三さん（元首相）や塩崎恭久《やすひさ》さん（元官房長官）とともに政策集団を結成しました。きっかけとなったのは九七年一一月に北海道拓殖銀行と山一証券が相次いで経営破綻し、日本がそれまでにない金融危機に直面したことでした。

金融政策、不良債権処理問題などの政策面において、これまでのように霞が関官僚、とりわけ財政・金融双方の権限を一手に握る旧大蔵省（現・財務省、金融庁）に任せ切ったままでは、日本発の世界恐慌すら起きかねないという強い問題意識が根底にありました。

この政策集団が保岡興治《やすおかおきはる》衆院議員の助言で自民党のワーキング・チームに発展し、党内に「自民党土地債権流動化推進特別調査会」が正式に発足します。

まず真っ先に、不良債権のオフバランス化と土地の流動化に着手しました。オフバランス化とは、銀行と借り手の間の貸し借りを清算し、不良債権を銀行の帳簿（バランスシート）から実質的に外してしまうこと。それには、融資の担保の大半を占める不動産の処理が問題になります。しかし、担保不動産はバブル崩壊で担保割れし、塩漬けになったままでした。

巨額の不良債権は、経済の血管である金融システムを目詰まりさせ、経済全体を壊死《えし》させてしまいかねない。担保不動産を一刻も早く売買によって流動化させ、多少の出血は覚悟のうえで清算する「緊急外科手術」がとにかく急務でした。

保岡さんと石原さんと一緒にまとめた「土地債券流動化プラン」は、その年の四月に発表された政府の総合経済対策の中に盛り込まれ、そのエッセンスは〇一年の小泉内閣発足直前にわれわれが提言した、不良債権問題の包括解決策「日本経済サバイバルプラン」に受け継がれました。小泉内閣で内閣府副大臣であり、総理補佐官だった私は、金融再生から始めて産業再生機構の立ち上げを成功させることに邁進《まいしん》したのです。

バブル崩壊後に積み残され、「失われた一〇年」の元凶となった巨額の不良債権処理は、こうして前進し、戦後最長といわれた景気回復の呼び水となりました。

小泉改革の功罪

こうして得た果実はその後、時を経て日本の隅々にまで浸透するはずでした。しかし、対外輸出志向の大企業については内部留保こそ増えたものの、それが労働者の賃金上昇にまで及ぶことはありませんでした。むしろ非正規雇用者を増やすことにつながり、社会の中にこれまでにない溝が生じ、かつその溝は深化しています。

また、都市の再開発によって都心の居住者は増え、高額商品を中心に消費は拡大したものの、地方との格差は深まるばかりで、農業林業といった第一次産業は衰退を続けています。

かつての日本社会は戦後の高度成長期にかけ、極めて日本的な社会モデルを構築しました。限られた資源は国家によって成長分野に重点的に配分され、多くの規制や制度によって企業が守られ、成長の利益は国民全体で分かち合うシステムでした。人々は、その中で国の未来に期待を持ち、それと重ねる形で自身の将来への希望を共有できたのです。

しかし、バブル崩壊とその後の「失われた一〇年」を経て、人々は夢を失いました。未《いま》だに茫然《ぼうぜん》自失状態から抜け出せておらず、その渦中にいるといっても過言ではありません。「一億総中流」の社会構造が崩れ、貧富の差が拡大し、ワーキングプアの出現など、深刻な貧困問題が横行しています。

小泉改革がなければ、バブル後の長い停滞からの復活はありえませんでした。〇八年九月のリーマン・ショック以降、円が他の通貨と比べて高い水準を保っているのは、かつての雇用、債務、設備の「三つの過剰」と呼ばれたマイナス要素が、小泉改革によって既に払拭されていたからです。他国と比べて日本は状態がいいと評価されているゆえんです。

こうした新自由主義の功も確かにあります。しかし、見逃せないほど深刻なマイナス面も立ちはだかっています。

そもそも日本は多元的な価値観を持つ社会です。すべてを黒か白かに切り分けるのではなく、その間にある様々なグレーの領域の中に価値を見出すのが日本流です。小泉改革を通して、日本は欧米流の「白か黒か」の思考パターンにしばし席巻されていましたが、世界経済危機を経て、そうした新自由主義の見直しが始まっています。

今進行中の改革路線をすべて否定するのではありません。否定したら、間違いなく「日本売り」が始まります。円資産や日本企業の株を海外の資本が見限って売り逃げてしまいます。ですから、改革路線をやめてはなりません。

今、必要なのは、ちょっと立ち止まることです。私たちが見落としてしまったもの、すなわち日本古来の価値観や強みを十分に引き出し活かすような国政がなされているか、検討を加えるべきです。

起きるはずのトリクルダウンが起きなかった

いくら景気が良くなっても、今の社会環境では好景気の恩恵が国民の生活レベルまで流れません。大きく開いてしまった貧富の溝は埋まらないでしょう。なぜそのような事態に陥ってしまったのか。打開策はあるのでしょうか。

九〇年代初めまで続いた経済成長の時代、税収は右肩上がりで、地方にも福祉にも分配できました。景気が良くなれば、その恩恵はトリクルダウン（trickle down）、例えば、企業の業績が良くなれば従業員の給与も上がる。その基底には、国が中央から地方の隅々まで面倒を見る、いわゆる「大きな政府」の考え方がありました。

しかし、〇一年四月成立した小泉政権が進めた改革路線の基本は、いわば「小さな政府」でした。経済の供給サイド（生産者）は改革で立ち直りましたが、逆に歳出を抑えていったので、中央から地方への再配分が削減されました。これによって地域格差が深刻化したのです。

それでも当時の竹中平蔵・経済財政政策担当相らは、これまでと同様に〝上〟に貯まれば必ず〝下〟に流れていく、トリクルダウンは必ず起きると言いつづけました。

残念ながら、〇三年以降、戦後最長とされる景気回復は続きましたが、トリクルダウンは起きませんでした。

これまでの経済理論でいえばトリクルダウンは起きることになっている。われわれもそう信じていました。しかし、実際は起きなかったのです。

日本経済の変化を政治は捉え損ねた

起きなかった理由の一つには国内企業が内部留保を厚くしたことが挙げられます。〇八年秋にリーマン・ブラザーズが倒れ、金融恐慌のさなかにあってトヨタやパナソニックが持ちこたえたのは、膨大な内部留保をキープしていたからでした。

潜在成長率が高度成長期の半分以下となっている低成長時代に、企業から従業員へのトリクルダウンは起きませんでした。それよりも企業は、たとえ経営状態が良くても、賃金の低い非正規社員の割合を高め、少しでも経済が悪くなればそこにしわ寄せがいくシステムをつくりました。

経済環境が既に変わっていたのに、為政者もその変化を捉え損ねました。失業率が確実に下がる一方で、増大する非正規雇用問題に対して、私たちの対応は明らかに遅れたといえます。

大企業から中小企業にトリクルダウンが起きなかった背景には八九年〜九〇年の日米構造協議がありました。それまでは景況が悪化しても、大企業「系列」はグループ内でのトリクルダウンを期待できました。しかし、日米構造協議で系列が解体されると、中小企業は、独自の競争力をつけない限り生き延びていけなくなりました。

同様のことが地方でも起きました。人口規模が大きく、民間の力がある都市部では大手不動産会社が都市開発などにてこ入れをして、〇三年以降元気になりました。しかし、そうした回復の恩恵を受けたのは都市部だけでした。中央から地方へ富は再配分されず、地方は疲弊し、都市部と地方の格差は広がりました。

なかにはうまく乗り切った地方もありました。意欲的な首長を戴《いただ》き、独自に体制を変え、活性化に取り組んだ自治体は体力をつけています。しかし旧態依然とした自治体は借金を重ねるばかりです。地方間での勝ち組負け組が露《あらわ》になっています。

優しい競争社会の構築を

小泉構造改革は、小泉さん自身が漂わせる雰囲気もあって、「冷たい改革」と思われていました。実際、その恩恵を受けた人たちはびっくりするくらいセルフィッシュな人ばかりでした。

昔は鄙《ひな》びた故郷を後にして一旗揚げて成功した企業家は、故郷に錦《にしき》を飾るのが当たり前でした。地元に必要な施設を寄付したりしたものですが、九〇年代から二〇〇〇年にかけて台頭したＩＴ長者からは、そのような印象はみじんも受けません。

それは本来の日本の姿とはかけ離れています。

努力すれば誰もが結果を望める社会、公正な競争は存在しても、弱肉強食ではない、優しい競争社会の構築を目指すべきです。

3——（石原）未来を見据え、環境分野に集中的投資を

環境問題への取り組みはチャンス

世界経済危機の嵐が吹き荒れるなか、過去最大規模の補正予算が成立しました。財政支出が過去最大の一四兆六九八七億円、事業規模は約五七兆円に上る今回の補正予算案は、昨年度の第一次、第二次補正、本予算に続き、切れ目ない経済対策で景気回復を目指すものです。

具体的には、第一に最も社会的影響の大きい雇用を下支えするための緊急保証制度や、セーフティネット貸付、雇用調整助成金などを拡充しています。第二に日本の成長力強化につながる分野、すなわち環境や農業分野に重点を置き、エコカー、省エネ家電の普及促進策などを盛り込んでいます。第三に長寿・安心の社会づくりのために、妊婦検診の無料化、女性のがん検診のクーポン配布や、子育て応援特別手当の拡大などを含めました。

対策として万全を期したつもりですが、一方で税金による成長の下支えは未来永劫《えいごう》続くものではありません。当面の景気対策と同時に、未来を見据えて中長期的な対策に手をつけなくてはなりません。

その対象として、私たちはまず環境分野を考えています。環境分野に集中的な投資を行うことで、日本の新しい未来が必ず拓《ひら》けると信じています。

今回の補正予算でも、エコカー・エコ家電への助成や、公立小中学校への太陽パネル設置の「スクールニューディール」構想などが盛り込まれています。

政府は二〇二〇年までの温室効果ガス削減の中期目標を「〇五年に比べて一五パーセント減」としています。これまで政府が軸としてきた〇五年比一四パーセント削減に、太陽光発電を強力に推進することなどで削減幅をさらに一パーセント上乗せし、アメリカの「〇五年比一四パーセント減」やEUの「一九九〇年比二〇パーセント(〇五年比では一三パーセントに相当)減」を上回る、削減目標としたものです。

今回の一五パーセント削減は国内での削減努力を積み上げて達成するもので、海外から排出権を購入する「排出権取引」や、森林による吸収は含まない、いわゆる「真水」の削減目標で、その点からもたいへん意欲的なものといえます。

日本は二度の石油ショックをきっかけに、世界一の省エネ大国となりました。エネルギー効率の比較では、日本はアメリカの二倍以上、中国の八倍以上です。つまり、同じ製品を作るのに中国は日本の八倍、アメリカでも二倍以上のエネルギーを必要とするのです。

そんな日本がこれ以上努力するのは不可能だとか、いやこれでもまだまだ不十分だとか、今回の中期目標への評価は様々です。今回の目標を達成するには六〇兆円の投資が必要との試算も出ています。その数字を見て、かえって景気に悪影響を与えるのではないかとの見方もありますが、私はそうは思いません。環境への投資を日本経済のハンデと考えるのではなく、むしろチャンスと捉えるべきなのです。

電池三兄弟を中心に世界に勝負をかける

環境技術への需要は国際的に急増しています。だからこそ、今、政府が積極的に先行投資を行い、民間の技術開発を促し、新しい市場を創り出すことで、日本が世界最先端を行く環境技術に磨きをかけ、その技術で世界に勝負をかけるときなのです。

そのような技術は沢山ありますが、ここではその代表格として、太陽電池・燃料電池・蓄電池を取り上げます。

この三つを電池三兄弟といいます。

まずは三兄弟の長男、太陽電池に関してですが、政府は太陽光で発電した家庭の電力を買い取る制度の導入を決めました。当初は来年の予定でしたが、今年始めた住宅用太陽電池の補助金制度には、この五カ月間で約三万四〇〇〇件の申請があり、既に〇八年度上半期の実績二万七〇〇〇件を上回るなど、高い関心が寄せられています。そこでこの制度を、年内に前倒しして導入します。

今回の制度は、太陽光発電による電力を、約一〇年間、電気料金の約二倍の価格で、電力会社が買い取ってくれるというものです。現行の電気料金は、一キロワット時(kWh)、つまり一キロワットの電気を一時間使うと二五円ぐらいですから、買取価格はその倍の五〇円くらいになります。この分のコストは電力料金に上乗せされ、一家庭当たり一〇〇円くらいの値上げになります。太陽光発電の導入には、平均的な家庭で約二五〇万円かかりますが、一〇年から一五年くらい利用すればだいたい元がとれます。

日本は太陽光発電の導入量では、ずっと世界一でした。ところが〇五年に、ドイツに世界一の座を奪われてしまいました。ドイツが世界一になったのは、九一年に導入された、この買取制度が主な原因だといわれています。日本の制度とドイツの大きな違いは、電力会社が家庭で発電した電気を買い取る期間の長さにあります。ドイツの買取価格は日本とほぼ同じですが、期間は日本の倍の二〇年です。日本の制度は、太陽光発電にかかった分のお金を回収するまでの間、電力会社が電気を買うという考え方です。元をとるまでの間は、保証しましょう。その後は、ご自分でつくった電気はご自分でお使いください、というわけです。

ドイツも約一〇年で投資した金額を回収するのですが、電力会社は二〇年間買い取ってくれますから、残りの一〇年は儲けが出るということになります。この方が、導入へのインセンティブは高い。その代わり、一般家庭の電気代への上乗せは約三五〇円と日本の三倍以上です。

どちらの方式にも一長一短がありますが、太陽電池の技術は日進月歩ですから、技術の向上に合わせ、制度も改良していかなくてはならないでしょう。

家庭の電気代が上がるのには、抵抗があるかもしれませんが、国民がみんなで広く薄く負担することで、環境に優しい国を創るという考えは、私は評価すべきだと思います。

世界を席巻する日本の太陽電池

ａｕは日本初の太陽電池付き携帯を発売しました。製造元はシャープです。薄型の太陽発電パネルにより、約一〇分の充電で、二時間の待ち受け、一分の通話が可能です。屋外や災害時に活躍しそうです。

また、富士電機システムズは軽くて曲がる太陽電池を開発しました。開発責任者は自分用にこの太陽電池付きのブック・カバーを持ち歩き、携帯電話機の充電に使っているそうです。また、リュックに付けて歩きながら充電し、夜に電気を使うなど、新しい利用法がありそうです。

大日本印刷は自社の持つ高い印刷技術を使って実用サイズの有機太陽電池を試作しました。現在、太陽電池は主な原料にシリコンを使っていますが、シリコンの慢性的な品薄と価格の暴騰が、太陽電池の市場を極めて不安定にしています。有機太陽電池はシリコンを原料に使わないために、作るのも簡単でコストを低くできます。また、色もつけられ、また、柔らかくもできます。一二年をメドに実用化を目指しています。

さらに壮大な計画も始まっています。宇宙空間で太陽光エネルギーを利用して発電し、その電力を地球に送って使おうというのです。独立行政法人・宇宙航空研究開発機構（JAXA）が中心となって取り組むのは、宇宙空間で太陽光発電した電力を、電波の一種であるマイクロ波に変えたうえで、地上まで飛ばし、それを受信して再び電力に変換するというものです。実験に参加する企業を公募し選定する作業は既に始まっています。

宇宙での太陽光発電は昼も夜も関係ありません。もちろん天候に左右されることもなく、二四時間三六五日、常に発電が可能です。政府は新しいエネルギー源として三〇年の商用化を目指します。

国際競争の主導権を握る日本の燃料電池

三兄弟の次男は燃料電池です。燃料電池は、電池といっても実は、小さな発電所です。学生時代、水の電気分解の実験をした人も多いかもしれません。燃料電池はその逆で、水素と酸素から電気と熱をつくる発電所です。

東京ガスなど大手六社は、〇九年四月から家庭用燃料電池の販売を始めています。値段は一台三二〇万円程度。名前はエネファームです。燃料電池普及促進協会も〇九年五月から上限一四〇万円の補助金募集を始め、既に四〇〇〇台ほどの申請がありました。補助金を引けば負担は実質一八〇万円強になります。

東芝は、外出先で携帯電話の充電ができる手のひらサイズの小型燃料電池を商品化しました。燃料はメタノール、価格は二～三万円です。〇九年度中には、さらに小型化した燃料電池をノートパソコンや携帯電話に内蔵する計画です。

さらにトヨタ自動車は「燃料電池」ハイブリッド車を、一五年をめどに市販する方針を発表しました。トヨタは既に燃料電池車のリース販売を開始していますが、コストは数億円です。耐久性にも課題があり、公的機関や企業向けのみの販売です。大幅に価格を引き下げた燃料電池ハイブリッド車で、次世代の環境車を目指します。

燃料電池の世界では、日本の規格が世界標準として採用されることが決定しました。国際的な技術競争の世界では、誰が一番早く新技術を確立し、世界標準となるかが、大きな意味を持ちます。

激しい技術競争が続くこの分野で日本の規格が世界を制したことで、日本が国際競争の主導権を握ることになりそうです。

自動車開発競争の本丸、リチウム電池

電気の弱点、それはつくることは簡単でも、ためることが難しいところです。それをカバーするのが蓄電池の技術です。次世代車の「エンジン」ともいえるリチウムイオン電池は、今や自動車開発競争の本丸です。

三菱自動車の電気自動車「アイ・ミーブ」は高性能のリチウムイオン電池により一回の充電で一六〇キロを走り、最高時速は一三〇キロです。

一キロを走る電気料金はたった三円、料金が割引される深夜の時間帯なら、一キロ一円しかかかりません。

私も自宅のそばの販売店で実物を見てきましたが、実用性は十分。もう少し価格が下がれば、是非、自分でも使ってみたいと感じました。

日産自動車も一〇年度に電気自動車を発売し、世界市場のシェア倍増を目指すと発表しました。気の早い人向けには、自動車用コンセント付き車庫を備えたマンションまで発売が始まっています。

リチウムイオン電池は、現在ハイブリッド車に使用されているニッケル水素電池と比べエネルギー効率が高く、重さや大きさを半分以下にできます。三菱自動車は「アイ・ミーブ」用の電池工場の新設に三社共同で一〇〇億円を投資すると発表しました。三洋電機もハイブリッド車用のリチウムイオン電池工場を建設すると発表し、世界最高性能のリチウムイオン電池を開発した日立製作所は、今秋からサンプル出荷を始めます。

新エネルギー・産業技術総合開発機構（ＮＥＤＯ）は次世代蓄電池の開発に、トヨタ、パナソニックなどのメーカーや、京都大学など計二二の機関と産官学で取り組み、二〇年までに電気自動車の走行距離を二倍にする計画に、二一〇億円を投入します。

次の時代に向けた、開発競争は既に始まっているのです。

大陸棚を活かしてエネルギー大国へ

これまで述べてきたのは、電池三兄弟に代表される環境技術や、世界最先端の省エネ技術で日本を元気にしようということですが、もう一つ、私たちのすぐそばには、まったく新しいアプローチによる元気の素が眠っています。その一つが大陸棚、そしてもう一つが都市鉱山です。

大陸棚の調査は、実は一九八三年から続いていました。しかし、その体制は決して十分とはいえませんでした。そこで、私が国交大臣の時に、この問題の重要性に着目し、国土交通省、外務省、文部省、経済産業省などからなる「大陸棚調査対策室」を設置し、関係の省庁が一体となって、大陸棚調査プロジェクトを推進する体制に一新しました。

また二〇〇四年度から七〇〇億円以上の調査費用を予算化し、大陸棚の調査を進めてきました。そして昨年の〇八年、二五年間にわたった調査を完了し、国連に調査結果を提出しました。

調査距離の延長は実に一〇八万キロ、地球二七周分にも及びました。この調査の結果が国連の専門委員会に受け入れられれば、日本の大陸棚は七四万平方キロ。日本の国土が一気に三倍になるのです。そして大陸棚には石油や、天然ガスがシャーベット状に固まった「メタンハイドレート」の他、ニッケル、コバルト、マンガンをはじめとする豊富な資源が確認されています。

技術開発の拠点となる「メタンハイドレート研究センター」も〇九年春に発足し、一二年に実施予定の日本周辺海域における海洋産出試験に向けて、計画は着実に進んでいます。

大陸棚の埋蔵資源は合わせて二〇兆円にも達するとの試算もあります。大陸棚の延長が認められれば、日本は世界有数の資源大国になるのです。

世界有数の都市鉱山国家、日本

もう一つの元気の素をご紹介します。現在の日本は、鉱物資源のほとんどを輸入に頼っています。しかし、最近、実は日本には巨大な未開の鉱山が眠っていることがわかってきました。それが「都市鉱山」です。

独立行政法人物質・材料研究機構が〇八年一月に発表したレポートによれば、わが国の都市鉱山は世界有数の資源国に匹敵する規模であるというのです。機構の計算によると、都市鉱山に眠る「金」は世界の埋蔵量の約一六パーセント、銀は二二パーセント、インジウムは六一パーセント、錫《すず》は一一パーセント、タンタルは一〇パーセントと、何と日本の都市鉱山には、多くの貴重な金属が世界の埋蔵量の一割を超えて眠っているというのです。

それほどまでの貴重な金属の埋蔵量を誇る「都市鉱山」とは何か。

都市鉱山とは、実は言葉を換えればゴミのこと。使わなくなった携帯電話、廃棄された家電製品、産業用のスクラップの中に埋まっている金属資源のことです。レアメタルと呼ばれ、近代の産業に欠かせませんが、埋蔵量が限られ、その産出は世界でも一部の地域に限定されています。かつ、それらの地域は政情の不安定な地域も多く、レアメタルの国際市場は常に不安定です。

それらの貴金属を日本で手にすることができれば、日本の抱える資源問題に大きな朗報となることは言うまでもありません。

さらに都市鉱山の利点は、産出された金属の純度が高いことにあります。普通の鉱山から採掘された鉱物は、様々な不純物が混ざっていてそのままでは使い物になりません。ところが、都市鉱山からの貴金属は最初から一定の純度を期待できるのです。

もちろん、解決すべき問題はまだまだ残っています。金属の種類によって、回収・再資源化しやすいものとそうでないものがあることもその一つです。

また都市鉱山の原料である産業廃棄物に含まれたレアメタルは、極めて微量なので、そのリサイクルには、原料を一カ所に大量に集め、一挙に処理するシステムを構築することが必要になりますが、その整備も道半ばです。

しかし、先ほどから述べているように、不安定な市場で取引されるレアメタルは常に価格が暴騰する危険を抱えていますし、国際情勢によっては、必要なレアメタルが日本に入ってこないということさえ考えられます。

そのような時のためにも、国家戦略として都市鉱山の開発が重要なのです。

4——根本　森と水田の国、日本へ

日本農政七つの柱

環境分野と同じくらい重要な成長分野は農業です。われわれは三年ほど前からそのように言ってきましたが、特に昨今、農業こそが将来の日本を支える有望産業になるという人が増えており、手応《てごた》えを感じています。

一方で、民主党の農業政策は、日本の農業を衰退させるものです。民主党の主張する戸別直接補償方式は、農家に米などの生産数量を割り当て、生産コストが販売価格を割り込んだ場合、それを補償するというものです。これは、現状を維持するだけで新たな農業の活力は生み出しません。なぜなら、生産費をカバーするだけで農家の所得を保証するものではないからです。しかも民主党は、アメリカと日本のＦＴＡ（自由貿易協定）締結を掲げています。これは農産物貿易の完全自由化で、これが実現したら、日本の農業は壊滅的な打撃を受けるのです。私は、日本の農業を輸出産業にしたいと主張しているのですが、これでは国益を無視した農政といっても過言ではありません。

私と農業政策との出会いは一九九三年でした。自民党は結党以来初めて下野し、細川連立政権が発足した年、米の市場開放問題をめぐってGATT《ガット》（関税および貿易に関する一般協定）・ウルグアイラウンド（多角的貿易交渉）が大詰めを迎えました。私は野党議員として、自民党の他の若手議員たちとともに「日本の農業を守る特別行動隊」を結成し、米に関して「六年間、関税引き下げを猶予する」「ミニマム・アクセス（最低限の輸入枠）を受け入れる」という政府の対処方針に反対。国会の中央玄関前に徹夜で座り込みました。

さらに、年末には私を含む六人のメンバーで、スイス・ジュネーブにあるGATT本部に直接、乗り込みました。そして、サザーランド事務局長や欧米主要国の代表に、わが国の主張をぶつけました。

この直接行動が起点となって、翌年に「今後の日本農業の在り方」と題したリポートをまとめました。若手同士で議論し合い、渾身《こんしん》の力を込めて書き上げたものです。今でも、私の農政に対する考え方の基本となっていますので、その七本の柱の要点をまとめて転載します。

1　食と緑はみんなのもの

今後、世界的に食糧の需給が逼迫し、「自国の食糧は自分の手で」との考え方が主流となる。食糧が買いたくても買えなくなった状況を想定し、国民の生活の問題として扱うべきだ。国内産食糧の安定供給や国土・環境保全を重視する国民の意識、農業・農村の社会的役割を考えれば、「食糧と国土・環境の保全はみんなのもの」という視点に立った農政が必要。

2　専業の勧め～農業にも起業家精神を

農業の経営形態により、施策対象を分別し、施策を明確化・重点化し、業としての農業施策は、専業で意欲のある、企業家精神を持つ担い手やその育成に集中すべきである。

自立し、意欲のある担い手である専業の経営体を確保するとともに、耕作地の集約化によって生産性の向上を図りながら、耕作地面積を維持する。

都市近郊の耕作放棄地は、農業振興地域のスポット的な解除により有効活用を図るか、あるいは「農住区画整理事業」の創設により、農地・居住地、耕作放棄地を一体として、秩序ある土地利用を図る。

3　兼業の勧め～頑張れ！　自然を守るサラリーマン

兼業農家の役割を再評価し、兼業をしやすくする環境整備を図る。兼業を容易にし、農業の生産性向上、地域の活性化を図るためには都市（Urban）と農村（Rural）を結ぶ道路網を、例えばUR道路、UR橋、URトンネルとして農業・農村活性化の視点から、重点的に整備すべきである。

中山間地への日本型「デカップリング＝生産対策と所得補償の分離」を、日本の実情に合った形で導入していくことを検討すべきである。

4 農業は総力戦

農業は農業固有の政策にとどまらず、地域政策、教育政策、文化政策とあらゆる角度から省庁の枠を越えて、「総力戦」でその再生を図る。

特に、地域整備は、例えばウルグアイラウンド・モデル地域の指定などにより、関連する省庁の総合的な調整を図りながら、効率的に行っていく必要がある。

食糧の供給という役割に加え、国土・環境保全に果たす農業の公益的役割を国民に明確に伝え、農業そのものについて「田畑を耕す人は自然の番人だ」といった国民的なコンセンサスを醸成しなければならない。

適地適作といった考え方や加工産業をはじめとする川下産業への展開など、地域の意欲や創意工夫などの、まさに「地域にきらめく文殊《もんじゅ》の知恵」を大切にすることも必要である。

5　農産物価格の常識と非常識

われわれが示したビジョンを実現するまでは、農業の再生を図るため政治の責任として、生産者価格の安定を図る。またウルグアイラウンド農業対策などの様々な農業政策によって生じる農業の生産性向上分は、消費者への還元に配慮しつつ、農業再生の視点を重視した処理をすべきである。

水田や農山村の持つ社会的便益を食糧の輸入、自給率低下に伴い顕在化する社会的費用として認めるとともに、農業の生産性向上努力では解消しえない内外価格差は社会的・合理的な内外価格差として是認すべきである。

また、工業・農業等、産業別の基礎的条件の違いを認めるべきである。

価格とは表裏一体の関係である生産費の削減には自助努力が不可欠。例えば、生産費に占める比率が高いのは農機具の償却費であるが、農地の規模、労働力の質・量に適した農機具の選択、一台の農機具を最も効率的に使う農業の工夫などの経営努力が必要である。さらに、経営を取り巻く規制の緩和も必要である。

6 土地の温かさは日本人のぬくもり〜迷ったときは基本に戻れ

環境保全型農業への取り組みは農業の原点であり、日本の国土・文化・精神を継承することにつながる。

環境保全型農業の生産物は高い付加価値を有しており、その推進には土づくりを基本とする新しい農法や農業技術の開発が必要である。

7 世界の農業を守ろう

世界の国々の食糧自給が可能となるように、わが国の稲作の技術を積極的に伝える。

食糧の特殊性を考慮し、食糧に関する国際的な秩序の再構築を図る。

水田のフル活用を

以上の七本の柱は、今でも十分通用すると考えていますが、日本の食糧、日本の農業の将来を考えたとき、最も重要なのは水田であると思います。

農地が国内から消えてなくなり、食糧をすべて輸入に頼ったとしたら、世界的な食糧危機が起こったとき、日本は対処のしようがありません。

つまり、食糧は戦略物資なのですが、同時に、国土保全、故郷の再生、森の再生といった事柄を考えるうえで、絶好の切り口となります。森、特に水田は、連作障害のない極めて優れた生産装置です。

先の補正予算で、政府・与党は農政分野への一兆円規模の支出を決めました。農地を集約して大規模経営の農家を増やし、水田で米粉や飼料米を増産する「水田フル活用」政策を強化します。

ここで「水田フル活用」の内容について言及しておきましょう。

農業は自然や地形の諸条件によって作るものが違ってきます。「適地適作」が基本なのですが、われわれがまず手をつけようとしているのは、日本農業の根幹である稲作をフル活用することです。

稲作に従事している人が多いので、まず米政策、水田農業政策をきちんとしなければならないと考えるからです。

米以外の産物も兼業

主食用の米を作りすぎると価格が下がってしまうから、小麦の代替となる米粉用の米を作ってもらう。このように自給率を上げたい作物を作付けした生産者に対しては、一反当たり八万円程度の補助金を直接支払として国が支給し経営を安定化させる。こうして、主食用以外の米を作っても、主食用の稲作と同じぐらいの収入が得られるようになれば、農家の不公平感も解消し、経営の多様化・活性化にもつながります。

輸入に頼っているトウモロコシに代替する飼料用米を生産した場合にも、一反当たり八万円の補助金が支給されます。また耕畜連携といいますが、稲わらを飼料として活用すれば、さらに一万三〇〇〇円が上乗せされます。これなら主食用の米作りに比べて飼料米の方が割がいい。主食用の米を作りながら餌米も作り、こうして畜産と稲作を両立させることができます。

中山間地など条件不利地域の水田は、当然、平場よりコストがかかる環境に置かれていますから、そうしたところには景観維持・環境対策の観点で直接支払をする、といった配慮も必要です。

平場では規模拡大が進んでいます。福島県郡山《こおりやま》市内の私の支持者の中にも、担い手のいない農家の農地を借り受け、六〇町歩、七〇町歩といった広大な農地を担っている人がいます。担い手の減少が著しい今、農地の流動化・集約化をどのように効率よく進めるかも重要な問題です。

稲作を多角化すると可能性が広がる

実は、数ある農作物の中でも、米が一番簡単に栽培できるのです。基本的に機械で田植えはできますし、その後の作業は水管理が中心。収穫も機械でできるので、昭和三〇年代に比べると労働時間は五分の一に減少しています。つまり、生産性が五倍に上がっているのです。事実、稲作から大豆に転作した農家は「大豆の方が大変だ」とこぼしています。

だから、余った労働時間で別な作物を作るといい。

楽だからという理由で稲作だけを経営する人もいますが、本当は、多角化しようと思えばかなりの確率で可能なのです。

私は、地場産米を学校給食に利用するキャンペーンをやってきました。稲作を守るには、生産者だけでなく消費者の協力も不可欠です。消費者がもっと米を食べてくれれば、そもそも減反で苦労する必要はないわけですし、結果として休耕田はなくなり、日本の風土も守られます。

故郷のおいしい米が学校給食に利用できれば子どもたちは喜ぶでしょうし、材料となった故郷の米の話をすれば食育にもつながります。

現在、五日間の学校給食で米飯は三日ぐらい。私は以前から「地元の米を使いましょう」と各自治体の首長に言ってきましたが、今も農林水産省で「米飯給食を週四日にしよう」と言っています。

そう言うと、「いや、スパゲティを食べたい子どももいる」「パンを食べたい子だっている」と反論する人がいますが、今は米粉を使ったパンやパスタだってある。

つまり、耕畜連携も活用した水田農業の活性化と、こうした取り組みを複合的に実践していけば、一気に改革が進む。生産から消費までを考えた取り組みこそ今求められていることで、それが日本という国をも変えてくれると期待しています。

農業はベンチャーだ

私は、農業はベンチャーだと思っています。農業者の創意・工夫で可能性がどんどん広がる産業。ＩＴだけがベンチャーではありません。

減反政策、生産調整というのは、国から強制されているという感覚が一番の問題です。だから、なかなか生産者に理解されない。

しかし、今回の補正予算で組んだような政策を丹念に説明し、生産者自ら進んで、水田のフル活用に取り組んでくれるようにしなければならない。

「直接支払が出ますから、餌米を作ってもらえませんか」と促せば、「ああ、それならやりますよ」と喜んで取り組んでくれるはずです。

農協の役割も重要です。生産者が一生懸命作った農産物を農協が間に立って、きちんと売る仕組みを整えなければなりません。

農協に対しては様々な批判がありますが、なかには市場任せ、全農任せにしないで自らスーパーや外食へ売り込む先進的な取り組みをやっているところがいくつかあります。千葉県の富里農協や群馬県の甘楽《かんら》富岡農協がそれに当たります。米の輸出を農協が中心になって進めているところもあります。

こうしたところがどんどん出てくるとよいでしょう。

また、最近は農産物の直売所が人気を集めています。中間流通を省くことで農家の手取りもアップし、消費者も新鮮なものが割安で手に入ります。消費者と顔の見える関係ができることも大きなメリットです。小規模農家や高齢農家も元気になります。こうした取り組みをもっと拡大していくとよいと思います。

さらに、農業を、第二次産業（工業、加工）と第三次産業（サービス）の要素を組み合わせた六次産業化することも重要です。農産物を加工して付加価値を生み出したり、農家レストランや農家民宿で販売したり、ときには体験農業もセットにして、農家、農村の所得を上げていくのです。

ここで興味深い事例をご紹介します。

私の故郷、福島県二本松市東和地区の「NPO法人ゆうきの里東和ふるさとづくり協議会」の取り組みです。

この協議会は、農薬を使わない有機農産物や低農薬農産物の栽培を以前から進めてきました。厳しい土壌検査や診断などを経て、多量の使用が環境や健康に悪影響を及ぼす硝酸イオンの基準が一定レベル以下と認められたものだけに、「東和げんき菜」のシールを貼《は》って出荷しているのです。これまで、日本では硝酸イオンに関する基準が定められていませんでした。この協議会が、EV（環境ベンチャー）の取り組みをヒントに、国内で初めてガイドラインを設けたのです。

「東和げんき菜」は、道の駅「ふくしま東和」で協議会が運営する直売所はもちろん、福島市内のスーパーやコープふくしまなどで販売されており、郡山地方からも販売の打診があるそうです。協議会では、Uターン組も含めて新規就農者の受け入れにも取り組んでおり、現在、二〇人近くが東和地区に移住し、農業に従事しています。

こうした試みは、都市との交流による農業体験の受け入れ、里山・棚田の再生、住民の健康増進・生きがいづくりなどにもつながっており、今年度の過疎地域自立活性化優良事例表彰で、最高位に当たる総務大臣賞を受賞するなど、政府からも高く評価されています。

このような事例を見ると、荒廃が深刻だといわれる過疎地でも住民の創意と工夫一つで元気な地域づくりが可能であることを、われわれに教えてくれます。

農業活性化に向けて政治が果たす役割

花粉症緩和米というものがあります。食べると花粉症が改善されるという米です。動物実験まで進んでおり、効果が実証されています。

この米を薬品扱いにするか食品にするか、三年前に農林水産省と厚生労働省の局長級どうしで話し合いをしたのです。そして何と薬扱いに決まってしまいました。薬にしてしまうと、認可が下りるまでに長い時間を要します。私は、これは特定保健用食品（特保）として、より広く世の中に出していくべきだと思っています。

実は商品開発の分野において、政治が支援できることは沢山あるのです。産業活性化に向けてできるサポートを、今後もしていきたいと思っています。

日本人の心の拠り所を守り、育てる

アメリカやヨーロッパには、国民が共有することのできる、確固たる価値の原点として宗教があります。しかし、日本人どうしが共有できる価値観は、特定の宗教によるものではありません。日本における宗教が一神教ではなく、八百万《やおよろず》の神といわれるような多神教であることに象徴されるように、日本における国民共通の価値の原点とは、他ならぬ故郷への愛であり、先祖への畏敬《いけい》の念でした。

今、日本にはそれがありません。これは由々しきことです。そのためには、政治が主導して、国民が拠《よ》って立つ場所を創り出す必要があります。

その第一歩が故郷の再生であると考えています。農林水産業の再生で各地の経済的な地盤を構築し、里山や川、水田、棚田、雑木林、海岸などの地域の環境を再生する。地域の心の「絆」を再構築する……それらが一体となることで、故郷、ひいては国土という日本人の心の拠り所が創造できるはずです。

大平正芳《まさよし》首相（当時、故人）が七八年の大平内閣発足時に田園都市構想を掲げました。

それを知ったとき、なるほど日本の原点は森と田園にあると腑《ふ》に落ちました。

　残念ながら、大平首相の急死により立ち消えとなりましたが、この二〇〇〇年間、連綿と続いてきた歴史文化というものを考えると、日本はやはり瑞穂《みずほ》の国であり、その原点はやはり田園風景ではないかと思います。

　だから、社会学者の宮台真司さんがいう「農本主義」という言い回しがぴったりきます。宮台さんは「日本の建て直しを考える場合、農政官僚にして民俗学者の柳田國男を参照することが重要」として、農村共同体的な伝統である「故郷に錦を飾る、故郷に幸いをもたらすために国家に貢献する」という感受性に柳田自身が注目していることを指摘しています（幻冬舎新書『日本の難点』より）。国土が荒廃し、農村が空洞化すれば、こうした感受性は失われます。

　富を抱えて自己完結してしまうＩＴ長者、ヒルズ族などはその成れの果てだったといえるでしょう。

森と田園、そして教育――日本の原点

私の愛読書の一つに柳田國男さんの著作があります。かつて石原さんにもお奨《すす》めしたことがあるほどですが、柳田さんの著作を読むにつけ、日本の良さ、強み、魅力は森と田園にあると思います。田園あってこその日本です。三〇年前に田園都市構想が実現していればよかった。返す返すも残念です。

今、ようやく農業にフォローの風が吹き始めました。若い世代の人々からも、農業が将来性のある産業として見直され、やる気のある参入者も新たに出始めています。過去四〇年間、これだけのフォローの風は初めてではないでしょうか。

故郷・田園が国の原点なら、国の根幹は教育です。日本にとって、人材の育成は国力アップそのものです。改正教育基本法が〇六年一二月に公布・施行されましたが、第二条の「教育の目標」の五に「伝統と文化を尊重し、それらをはぐくんできた我が国と郷土を愛するとともに、他国を尊重し、国際社会の平和と発展に寄与する態度を養うこと」との一文を入れたことは、正しい方向づけをしたと思っています。

国力の根本は、国際社会に通用する人材です。日本の強みとは何でしょうか。それは縄文以来の歴史、つまり時の重みです。この時の重みのことを伝統と呼び、そこから生じる輝きを文化と呼ぶのだと、私は思います。今こそわれわれは日本の伝統文化を見直すべきだと思います。

そこでまず、日本の伝統・文化をしっかりと身につけること。これこそが真の国際人の必須条件であり、その意味では、武道の必修化は大きなチャンスとなるでしょう。

私も合気道を町道場で五年たしなみ、有段者に名を連ねていますが、武道は、「礼に始まり礼に終わる」と言われるとおり、まず「礼儀」を学ぶことから入ります。そして長い年月を経て、無駄な部分が削《そ》ぎ落とされ、合理的な部分だけが残ったのが「型」です。

日本人にとって最も自然な形であり、最も合理的な「型」。計算を重ねて得る合理性と同様に、伝統を経たことで得られる合理性を尊ぶのが日本の心です。決して「型」にはめるというものではありません。「型より入りて型より出づる」と言われるとおり、自由自在な動きという、より高い段階に「出づる」ためには、まずは「型」の習得が不可欠なのです。そして、それは相手を敬う「礼」の心に裏打ちされていなければなりません。

海外でも日本の黒帯はブラックベルトと呼ばれ、憧れの一つでもあります。そういう意味では、私は日本の武道にこそ活路を見出したいのです。

武道の修得は、日本人としてのアイデンティティの確立にもつながります。国が自信を喪っている今こそ、力を入れるべきです。

5——〈石原〉創意工夫で競争力のある農業林業を

品種改良や体験農園のすすめ

根本さんから農業全般に関する話がありましたので、私は都市に住む者としての視点で農業政策と、さらに林業について言及したいと思います。

近年、若い人が都会を捨てて地方で農業を始めた、という記事をよく見かけます。不況の影響で職業として見直されている側面もありますが、農業経営に新たな可能性を見出していることも間違いないでしょう。

つい先日は、根本さんの地元、福島県郡山市でユニークな青年に会いました。東京農業大学を卒業し専業農家になった人です。品種改良した枝豆を作付けしてグリーンスウィートと名付けて販売したり、裏作で冬甘菜《ふゆかんな》というキャベツを作ったりしている。新しい作物を毎年一つずつ増やしているそうですが、そのネーミングや野菜の選び方のセンスが何ともいいのです。

作っている野菜を食べてみるとすごく甘い。同行していた新聞やテレビの各記者も取材などすっかり忘れて、買い物ばかりしていた。もちろん、私もです。

この青年の一反当たりの売り上げが約五〇万円だといいます。主食用の米を作る人の約三倍に当たります。

今、こんなふうにユニークな取り組みをする農家が増えています。

実は私が住む東京にも変わった取り組みをする農家が何軒かあります。東京・練馬区で、二〇〇九年にJA全中（全国農業協同組合中央会）などが主催する「日本農業賞」の大賞をとった練馬区農業体験農園園主会がその一つです。

サラリーマン家庭や都市住民が小面積の農地を利用して野菜や花を育てる「市民農園」が大変な人気を呼んでいますが、運営上少なからず問題がありました。利用者どうしで「お前のところのトマトの葉っぱがこっちに出ているじゃないか！」などと、境界線をめぐる些細《ささい》なことが諍《いさか》いの原因になってしまうのです。

そこで、この会が考えたのが「体験農園」でした。

利用者に農地を貸すのではなく、農作業を体験してもらうスタイルにしたわけです。農家の方が「あなたの場所はここね。ここは太陽がこっちからこう照るから、ここにきゅうりを、こっちにはなすを植えなさい」などと、農地の振り分け、堆肥《たいひ》作り、作付けまで一連の作業を指導するのです。

これが大好評で、遠方から通う人も出てきています。

実際に利用者に割り当てられた農地の広さは一〇坪弱、普通の市民農園の一・五倍ぐらいの面積です。練馬区民には、年間に約四万三〇〇〇円かかる費用のうち一万二〇〇〇円の補助が区から出ています。

新しいコミュニティが生まれる場

こうした体験農園では、自分一人で農作業をするときと比べ、農家に指導してもらえるので失敗が少なく、一人ではとても食べきれないほどの量を収穫できます。自分が作った野菜を収穫時にご近所におすそ分けすることもできる。取りたての野菜は新鮮ですし、びっくりするほどおいしいから、「実はこれ、私が作ったんです」と話せば、野菜をもらった多くの人が「私もやってみたい。連れていってください」となる。口コミで利用希望者はどんどん増えています。

練馬区の体験農園の場合、体験期間は五年ですが、継続を希望する人も多く、新規の希望者からの問い合わせもひっきりなしで、順番待ちの人が大勢います。

体験農園の持つ本当の意味は、都会に新しいコミュニティが生まれることです。利用者は退職したサラリーマンだけではなく、様々な職業を経験した人が地域から集まります。日曜大工が得意な人を中心に、利用者が休憩できるログハウスをつくったり、しまいには電気や水道を引き、携帯できる冷蔵庫も持ち込んで、みんなできゅうりやトマトを酒肴《しゅこう》にビールを飲んだりしている。三カ国語を操る元商社マンが企画して、フランスへ農場見学ツアーに行ったりもしています。

地域の人間関係が希薄になったといわれる今、こうした体験農園は時宜に合った取り組みといえます。今のところ、このような体験農園は全国で七〇カ所くらいしかありませんが、これを全国各地に広めて、何とか一五〇〇カ所つくりたい、というのが私の目標です。

競争力のある農業を

混住化の進む東京で農業を営むのは、以前はとても大変でした。風が吹けば、「土が飛んできた」「臭《にお》いがする」など周辺住民から様々な苦情が寄せられるのが常でした。バブルの頃は、都市部の地価高騰を受け、偽装農地の問題が物議を醸したこともあります。その後、生産緑地法の改正などで都市農業の環境は整備され、今やそうしたネガティブな反応はほとんどありません。

東京で最も売り上げのある農産物は、実は江戸川区で栽培されている小松菜です。一反当たり年に二二〇万円の売り上げがあります。

大阪の岸和田だともっとすごくて、水なすで同じく三五〇万円の売り上げがある農家もいる。長野県の茅野《ちの》では、一年間の農業収入が数千万円単位の農家もいるといいます。

もちろん、誰もがそれだけの売り上げを出せるわけではありませんが、やり方次第では大きな利益を上げることも可能です。

農業が3Kといわれていた時代と比べると隔世の感があります。

東京・杉並区に高円寺というところがあります。作家のねじめ正一さんが直木賞を受賞した作品で知られる町です。ここは福島県の本宮市と独自の交流をしており、定期的に本宮市の農産物が売られます。新鮮な野菜が手頃な価格で提供されるため、すぐに売り切れてしまうくらい人気があります。同じ杉並区の西荻は福島県の南相馬市と交流していますが、西荻でも、南相馬の農産物を売る会を定期的に催していますが、こちらも大人気です。

このような都市農業の成功例、都市と農村の交流を通した農産物販売が教えてくれるのは、いかに創意工夫するか。どのように付加価値を生み出すかということです。私は根本さんの言うようにいっそのこと、日本の農産物を海外に持っていって販売してはどうかと考えています。そのためには、「ジャパンブランド」を確立する必要があります。

フランスをはじめとする欧州各国は、安価な輸入農産物から自国の農業を守るため、一定の保護をしてきました。農業は自然の影響を受けやすく、工業製品のように常に安定した収穫が約束されていませんので、食糧自給率を維持することを念頭に置けば、国としてある意味で当然の施策といえます。

ところが、日本は第二次、第三次産業と同じように農産物も市場開放しました。その結果、食糧自給率はカロリーベースで四〇パーセントを前後しています。先進国でこれほど自給率の低い国はほかにありません。私は、農産物の市場開放政策は間違いだったと思っています。

しかし、だからといって保護さえしていればいいかというと、それも誤りです。競争力を持たせる。それが大切です。前述したとおり、農産物の付加価値をどのように高めるかが、今後の課題です。そして、その付加価値次第では、十分、海外で販売できる。それくらい品質の高い作物を、実際に、日本の農家は作っています。

海外で人気の日本の第一次産品

その一例は果物です。

私が国土交通大臣を務めていたとき、アラブの王族が「成田に航空機を乗り入れたい」と陳情に来られたことがありました。

その方が最近、再び日本を来訪されたので、「日本で気に入られたものは何ですか」と聞いたら、「メロンだ」と言う。「メロンは高いでしょう。新宿や銀座などで買うと、一個一万五〇〇〇円くらいしますよね」と話したら、「確かに高いです。でも、すごくおいしい。私の国にはないので、これをアラブで売りたい」と言うのです。

アラブに持っていったら、航空運賃などでさらに高くなりますから、「いくらくらいまでだったら、皆さん買ってくれますか？　せいぜい三、四万円くらいでしょうか。五万円だとさすがに高すぎるでしょうね」と言うと、「一〇万円は高いけれど、八万円くらいだったら買うと思う」と言うのです。

日本の農産物には、自分たちが気付かないところで、それくらい高い評価が与えられているのです。

一方、中国ではこんなことが起きています。

〇七年～〇八年に日本国内を騒がせた中国産冷凍ギョーザ事件は、中国国内でも大変な問題になったそうです。ある中国人の友人は、「中国の野菜は危険だ」と言いきります。「農薬を落とすために、洗剤で洗っている」と言うのですから、驚いてしまいました。

実際問題、日本の農薬使用基準に比べると、中国のそれは厳しくありません。〇一年には、中国国内で、政府の安全基準を超える残留農薬が検出された農産物が流通していることがわかり、大問題になりました。香港では汚染された野菜を「毒菜」と呼んでいるといいますから、中国産冷凍ギョーザ事件があちらでも話題になったのはうなずけます。

農薬を落とすために洗剤を使う感覚は日本人には想像できませんが、そのくらい中国の人たちも農薬問題を深刻に捉えている証拠でしょう。

中国では、日本の粉ミルクもとてもよく売れています。昨年、有害物質・メラミンの入った粉ミルクを飲んだ乳児が死亡した事件があり、子どもたちのために安全なミルクを、と願う気持ちが、幼子を持った両親を、日本製の粉ミルクに向かわせています。

現在、日本の米は中国に向け、年間九〇トン輸出されています。決して多いとはいえない量ですが、こうした安全性の問題や食味の良し悪しを考えると、今後、日本の農産物が中国市場で受け入れられる可能性はとても大きいといえます。

創意工夫する農家をもり立てる政策を

民主党は〇七年の参院選に引き続き、全農家への戸別所得補償制度を打ち出しています。私はこの政策は間違いだとはっきり申し上げたい。

この所得補償制度は、経営収支が赤字の農家に所得補償をする政策です。しかし、これでは衰退産業への手切れ金といった印象が拭《ぬぐ》えません。創意工夫を尽くして収益を上げている農家こそ、政策的に後押しされるべきで、それは彼らが農業という産業の真の担い手だからです。それなのに、そうした農家は政策の恩恵を被れず、逆に経費が農業収入を上回る農家が所得補償を受けられるというのでは、とても農業を産業として育成する政策とはいえません。

楽をして補償してもらえるのであれば、誰が努力するでしょうか。結局みんなで楽をするほうを選ぶでしょう。しかし、一時的に楽にはなっても、そんな農業に将来はない。もらえる補助金は何でももらうという体質の農家をただただ無尽蔵に育てていたら、日本の農業は本当に駄目になってしまいます。

これは自民党の古い手法なのです。

民主党の幹部の中には、自民党の旧田中派の出身者が多く、そうした古い体質を受け継ぐ政策を、今回打ち出したのではないでしょうか。

これまでの自民党政治は、どちらかというと、生産者に補助金を与えることばかり考えていました。そこには、農産物を「売る」という視点が抜け落ちています。生産者もそれにすっかり慣れてしまっていた。地方に行ったとき、「創意工夫をすれば海外で高い値がつくほど、日本の農産物は競争力があるのですよ」と話しても、正直なところ、なかなか納得していただけません。

努力せずに補助金を欲しがる「くれ、くれ」のマインドが抜けていないし、他の地域の農家がどのように頑張っているかを知らない。自分の周りしか見ていないために、「農家は駄目だ」などと言います。

米政策は農業政策の柱にすべき

基幹作物である米に関していえば、日本人が以前のように米を食べなくなったという基本的な問題があります。供給能力が、需要を上回っている。当然、米価は低迷している。農家の創意工夫だけではなかなか所得が向上しにくい面は否定できないでしょう。

一方で水田には景観を保ち、水を溜めるなど、多面的な機能があります。水田の持つ治水機能をダムで代替しようとすれば、莫大な費用がかかります。環境問題、治山治水の観点からも、水田をもう一度蘇らせることが求められています。日本は古来から瑞穂の国でした。日本の環境には、米作りが最も適している。食糧安全保障の観点からいっても、水田さえしっかり残しておけば、イザというときには米が作れる。国民が飢える心配はない。なんだかんだ言っても、やっぱり、米が日本の農業政策の柱なのです。

しかし同時に、そのやり方は知恵を絞らなければなりません。単に作り手を補助するだけなら、そこには創意工夫は生まれにくくなります。それが農業の現状を招いているともいえるでしょう。

米については供給が、需要を上回っているわけですから、まずは新しい需要を生み出さなければならない。期待されるのは米粉や飼料米、バイオ米などでしょう。今回の補正予算でも主食用以外の米粉用や飼料用の米を作った農家に対し、一反当たり二万五〇〇〇円の補助を決定しました。米粉の製粉方法の開発も進み、パンや菓子、めんなどと、小麦のように幅広く利用できるようになり、米の需要拡大の大きな柱となっています。

さらにバイオ米など、新たな米需要を創出し、同時に輸出を拡大することができれば、大きな効果が上がるでしょう。

消費者が欲しがるものを作る努力をすることで、農業そのものの可能性はもっと広がります。そのためには、多少聞こえの悪いことでも、政治家はあえて言わなければならない。「全員は豊かになりましょうよ」と。けれど、創意工夫して努力をした人たちがちゃんと報われる社会を創りましょうよ」と。

それが私の基本的な考え方です。

新規参入者が増えるための環境整備を

つい先頃は、農地を貸しやすくするための改正農地法も成立しました。株式会社の農業への参入については反対意見が根強くありました。株式会社は赤字になったらすぐに撤退するから、会社が撤退した後、見捨てられた農地を抱えた農村が荒廃するのではないか、農業以外のことに農地が利用されるのではないか、地域との調和を考えてくれないのではないか、などなど。改正農地法ではそれらのご心配を払拭するため、様々な工夫をしました。なぜなら、農業の担い手が減少している今、その受け皿として様々な形態の担い手を担保する必要があるからです。

実際に、農業生産法人をつくって、サラリーマン感覚で農業に従事している方が最近は増えてきました。農業に魅力を感じている若者たちが比較的簡単に農地を取得できるよう、つまり新規参入者が増えやすいような環境を整えることは急務だと思います。

また、努力している生産者を支援する政策もさらに進めるべきです。

彼らにとって必要なのは、販売先を確保することです。物は良くても、過剰に作ると値段が下がる。それが市場原理です。政治が取り組むべきは、売れるものを作る農家を育て、それを効率よく売る仕組みをつくり出すことです。

農業はサラリーマンと違って人に使われることはありません。人間関係のストレスも少ない。自然相手の仕事で、基本的には早起きになり、体も動かせて健康的です。自分で就労時間を、ある程度コントロールできます。

地方で農業を営む場合なら、住宅を取得する際も地価は安いし、高給をとっている都市部のサラリーマンと比較しても、生活全体の「豊かさ」という点では魅力のある職業といえるでしょう。

林業再生に向けて工夫の余地はまだまだある

農業と同様、林業も厳しい状況に置かれています。

林業は衰退産業といわれていますが、そうでしょうか。ここにも工夫の余地はまだまだあります。外に目を向ければいいのです。

例えば花粉をほとんど出さない杉というのがあります。値段は通常の杉より少し高いのですが、今後三年間で花粉の多い従来の杉を伐採して、花粉症にならない杉に植え替えようとしています。

杉を植え、育て、それを売るだけの考えでは、早く育ち、高く売るという発想しか出てきません。しかし視点を変えて、国民全体を見れば、花粉をほとんど出さない杉林には、それ自体に立派なニーズがあります。そこに新しいビジネスチャンスが生まれます。

また、CO_2吸収源としての森林の整備、木質バイオマスエネルギーの利用、木工加工施設を計画的に整備し、木造住宅の振興などを図れば、林業も必ず再生が可能です。

都市と地方は補完関係にある

農業や林業など、第一次産業の振興を私のような都市部の議員が言うと唐突に聞こえるかもしれません。最近の政治は、都市が豊かになったが、その陰で地方が寂れた、などと、都市と地方を対立の図式で捉えがちだからです。しかし、私は都市と地方は決して対立関係にあるとは思っていません。むしろ補完関係にあると思います。

実際、私の住む東京都の電力の九割は他県でつくられ、東京に運ばれてきます。水も七割は他県から頂戴しています。捨てるほうはと言えば、東京のゴミ処理の五割は他の県に頼っています。東京のCO_2の吸収割合は全国で最低レベル。排出は最高。最近は東京でも様々な温暖化防止の対策を講じているとはいっても、日本全国を通じてみれば、やはり温暖化防止についても他の地域に頼っているといわざるをえません。

他方、都市は地方産品の重要なマーケットです。また、他国との競争という観点からは情報や技術、人材が集積しやすい都市部が日本のフロントランナーとなって国を引っ張っていかなくては、日本の発展はありません。

都市と地方はどちらも単独では存在できない。お互いに手を取り合ってこそ、発展があるのだと私は思います。都市と地方が限られたパイを奪い合おうとするのではなく、互いに恵み合う、互恵関係をしっかりと再評価し、都市の住民にも地方の支援、充実策を我がこととして捉え直してほしい。そのための一定のコストを負担してほしい。そう思います。

決して損をするわけではありません。めぐりめぐって自分たちの生活を豊かにすることにつながるのです。

都会にはそれが当然と感じる人も多いと思います。簡単な話、都会には地方に故郷を持っている方々が沢山いらっしゃる。聞くところによれば、南関東の人口の三割は地方出身者だとか。その多くは、故郷を守るのに何か役立ちたいと思われているでしょう。もとより、地方出身でなくとも、地方の環境を守りたいと願う人は、沢山いるはずです。

広域的な視点から地域活性化を図る

もちろん、一次産業を充実させれば、それだけで地方が良くなるというものではありません。地域の活性化には、広域的な視点からの手法、草の根的視点からの手法など、様々な観点が必要です。その萌芽は既に芽生えつつあります。地方が東京ばかりを見て、東京のようになろうとするのではなく、自分たち独自の道を切り拓こうという試みが、日本全国で始まっています。これを活かしていくことが重要です。

様々な視点から地方を捉え直し、評価し直す。その評価に基づき、地方を再活性化する。その最もわかりやすい例は観光です。日本人が国内旅行に消費する額は約一六兆円。そのうち、二・三兆円が地方に入っている。言葉を換えれば、観光という切り口で地方の価値を再評価した結果、市場を経由して、二・三兆円ものお金が、都市から地方へと動いているのです。

さらに、昨今の様々な問題により、食の安全に関する意識が高まっているのも、大きなきっかけとなりえます。先ほどから述べてきたように、都市の住民は、質や生産過程が明確な国産食品への志向を強めています。そのような消費者サイド、需要サイドの要求の高まりに歩調を合わせつつ、それと同時に、農地の大規模化、農業への企業参入、流通機構の改革など、作り手のサイド、供給サイドを効率化し、消費に合わせて多様化し、同時に農産品に高い付加価値を生み出していく。この動きをしっかりと進めることが、食の安全、食糧安保の確保にもつながりますし、都市と地方の連携を強化することにもなります。

繰り返しますが、私は、都市と地方の無用な対立を煽ることには賛成できません。お互いが手を取り合って発展していく。そのためには、都市における新産業、新たな需要の創出とともに、地方の基幹産業である第一次産業を再興することが必要です。そのことが、日本が全体として発展していくうえで不可欠だと考えます。地方部の議員がそれを言えば、我田引水ともとられかねません。そこに、都市部の議員である私が、第一次産業の再興を語る意味があるのだと思います。

6——（石原）年金制度は決して破綻しない

年金不安のカラクリ

将来に対する国民の不安を煽り立ててしまった一番大きな要因に、年金問題があります。

「年金が破綻する」「年金は既に破綻している」という話をよく耳にします。これが人々の将来に対する不安を掻き立て、お金を使うことに二の足を踏ませ、ひいては経済全体の活性化の足を引っ張る元凶ともなっているのです。

年金制度の将来に不安を抱く人の比率は、先進国ではおそらく日本が一番高いでしょう。ところが現実を見ると、日本は年金制度が国全体としてうまく機能している数少ない国なのです。このギャップは一体どこから来るのでしょうか。

地元の若い人たちと話す機会がよくありますが、話題が年金に及ぶと彼らが口にするのが、「僕らは掛け金を捨てているようなもので、年金はもらえなくなっちゃうんじゃないか」「人口構成からいうと、払った以上のものをもらえないんじゃないか」という不安です。

私が、「足りなくなる分は税で補塡《ほてん》するから大丈夫ですよ」と説明すると、「そんなふうに国が借金を重ねると、国自体が潰れるんじゃないか」と、さらに不信感を募らせます。若い人たちはそんなことまで心配をしているのです。

でも、国が潰れることなどまずありません。ドイツをご覧いただければわかります。ドイツは第一次世界大戦に惨敗し、途方もない金額の賠償金を背負い、ワイマール共和制からナチス・ドイツの時代を通じて天文学的なハイパーインフレに見舞われました。さらに第二次世界大戦にも敗けましたが、それでも、ドイツという国家は潰れませんでした。そして、そのような国の大きな変化にさらされても、ドイツの年金制度は持ちこたえ、戦後はインフレに強い制度への切り替えを行うことでさらに安定した制度となり、国民の大きな信頼を勝ち得ています。

アルゼンチンも同様です。グローバリズムにいち早く適応して構造改革を進め、年八パーセントに及ぶ高度成長を達成したものの、一九九八年以降は経済危機に陥り、二〇〇一年に対外債務の不履行（デフォルト）を宣言します。中流層が崩壊し、失業率二〇パーセントに達した同国でも、やはり年金制度は潰れていません。

それにもかかわらず、こんなふうに人々が将来に対して不安を抱くのは、ひとえに政治家が説明責任を果たしていないからだと思っています。

人々は年金では将来が不安だからと、民間の個人年金保険にお金をかけています。国家と民間会社のどちらが潰れる確率が高いかは、少し考えれば誰にでも自明のことだと思うのですが、それでも若い人は年金を払わないで、その分、民間の個人年金保険に頼ろうとしています。私はそれを見てたいへん残念に思います。

意外に聞こえるかもしれませんが、日本の公的年金は、たいへんよくできているのです。

何歳になろうと、老後は物価に応じ実質価値が維持された年金がもらえます。遺族年金も支給されるし、障害者になったら障害年金も支給されます。

それだけきちんとカバーされているのが、「公」たるゆえんです。民間では、こうした保険はオプション契約になり、かなり高額な商品を買わなくては保障してもらえません。

最近では、民間保険会社の倒産もありました。

「いや、先生、まさかＡＩＧが経営危機に陥るとは思いませんでした」などと驚いて私に言ってくる人もいましたが、私はこんな時代だからこそ、声を大にして言いたいのです。

民間もいいけれど、国は裏切らないから安心して、と。

政争の具にすべきではない

年金制度にとって最も大切なことは、将来においても年金が確実に支給されることです。そのためには年金財政を将来とも健全にしなければなりません。年金の給付と負担を適正にすることが、最も効果のあることです。

なぜ、こんなふうに年金不安が蔓延してしまったのか。そうなったきっかけの一つに、社会保険庁のずさんなデータ管理による記録漏れ問題があります。これは政治家として本当に責任を感じるところです。

ただ、残念なことに、こうした行政の落ち度につけ込む格好で、自民党批判が展開されました。社会保険事務所の職員が、意図的に厚生年金の記録を改ざん・消去していた件もこれに追い討ちをかけ、年金制度が政争の具にされてしまったのです。

年金制度は、それ自体が複雑でなかなか全容を把握しづらい反面、生活と極めて密着した問題だけに、不安を煽る情報が流れやすい。新聞・テレビを通じて枝葉の問題が重要な問題であるかのように報じられたり、到底実現できない改正案があたかも正論であるかのように扱われたりした結果、年金不安が無用に煽られています。多くの人が実態とかけ離れた情報を鵜呑《うの》みにし、国や制度に対する不信感を増大させています。

国家の柱である制度に関して、「大変なことになる」と煽り、「だからこうするべきだ」と方策を示すことは、政治の禁じ手です。無論、制度自体に瑕疵はありますから、与野党を問わずどう改善していくかを考えなくてはならないでしょう。

今回だけでなく、〇四年の年金改革に先立って、〇三年、社会保険庁のイメージキャラクターだった女優の年金保険料未納問題が閣僚・国会議員にまで拡大、「未納三兄弟」「七人の未払い」などと揶揄《やゆ》されたことはまだ記憶に新しいでしょう。

確かに年金保険料の未払いは非難されても仕方ありませんが、後から振り返ると、結果的に年金制度そのものの存続に直接影響する問題ではありませんでした。

大規模保養施設のグリーンピア建設をはじめとした年金保険料の無駄遣いも、国民の怒りを買って当たり前のひどいありさまでしたが、これも役所の無駄遣いの話であって年金制度の問題ではありません。

正しい情報をきちんと整理したうえで議論をしないといけない。そう思います。

超党派で議論すべきだ

そうした前提を踏まえたうえでまず提案したいのが、これからどのような年金制度にすべきかはともかく、年金制度のように、人々の生活や未来に直接関わる事柄に関しては超党派で執り行うべきだということです。誤った情報に振り回されるのは、結局は普通に生活をしている人々なのです。情報が錯綜《さくそう》することによって人々が間違えた選択をしてしまうのは、許されることではありません。

超党派で年金問題をきちんと議論する。それは政治の責任だと考えています。

小選挙区制度の下では、一般論として、いつ政権交代が起こるかわかりません。例えば小選挙区制度を用いているオーストラリアでもニュージーランドでも政権交代がありました。アメリカも、韓国も同様です。

このような大きな問題に、そうした政権交代を前提にして党ごとに取り組むと、自分たちの研究している制度こそが一番だと独善的に主張しつづけることになります。そして政権交代が起こると必ず、前政権が取り組んだ制度を否定し、大幅に変える動きが出てきます。

しかし、国民の老後設計が、そんなふうにコロコロ変わっていいものでしょうか。どの政党が与党になろうと、国民生活の将来に関わる政策については一貫して国民の立場に立ってベストの体制で臨むべきです。そのためにも超党派で議論を積み重ねるべきだと思っています。

政策が二転三転する。それによって一番迷惑を被るのは誰かといえば国民なのです。年金のような国民の生活に直接関わる問題については、そんな最悪の事態にならないよう、与野党で互いの信頼レベルを上げていくことが大切だと思います。

実はわれわれは、民主党の何人かともう一年近く個人的な勉強会をやってきました。かなり深い議論を積み重ねてきました。党は違っても信頼関係を築いた人どうしで議論を深めれば、国会という舞台で生産的に制度を見直すことができます。〇九年三月の時点で、それまで議論してきた内容を文書にまとめようという話をしていました。ところがご存知のとおり〇八年暮れから「選挙だ」「選挙だ」と、いつ衆議院が解散になってもおかしくない状態が続いたため、いったん勉強会を中断し、再開することのないまま、国会は閉幕。現在に至っています。

残念だったのは、国会閉幕で、民間社員が加入する厚生年金と、公務員らが加入する共済年金とを統合する「被用者年金一元化法案」が廃案となったこと。「官民格差の是正」として〇七年に政府が国会に提出しましたが、折からの記録漏れ問題で国会が紛糾するなか、政府・与党が社会保険庁改革関連法案の成立を優先したこともあって、ほとんど議論されることはありませんでした。

年金制度の今後の課題

日本の年金制度は、これまでも何度か改革を繰り返してきました。直近では〇四年の改革です。平均寿命の伸びに応じ、年金の水準を引き下げて年金受給世代にも我慢をしていただきつつ、一七年までの間に保険料を引き上げて現役世代にも一定の負担をお願いするという〝痛み分け〟の内容でした。

この改革によって受け取る年金が減ると誤解している人が多いので、あえて申し上げますが、年金の水準を引き下げるというのは、年金の伸び率がこれまでよりも鈍るということで、受け取る年金の額は減りません。これは、はっきり言っておきたい。

さらに、〇四年の改革では、百数十兆円に及ぶ年金積立金は数十年にわたって少しずつ計画的に使うことにしました。加えて、基礎年金についての国の負担割合を三分の一から二分の一に引き上げ、今年度の法律改正で実現にこぎつけました。こうした仕組みにより、年金制度は安定性を増しました。

今の年金制度は、今後の出生率が上がり、経済成長が順調であれば、給付が増えるように設計されています。反対に、出生率が今以上に下がり、経済不況がずっと続くようであれば、給付を抑える仕組みとなっています。この仕組みはスウェーデンでも導入されているもので、国の状況によって年金が自動調整されるので、制度としての安定性はさらに高まったのです。

私は、このような今の年金制度の基本的枠組みは非常に優れていると思っています。今後改善点があるとすると、被用者年金、つまり勤めている人が入る厚生年金（民間会社）、共済年金（公務員）と、自営業者の人が入っている国民年金との差をどう埋めるかです。

例えば、勤め人の夫婦二人の場合、年金を受け取る年代になると、夫婦二人でだいたい月二三万円もらえるうえ、妻が過去に働いていればその分の年金が加算され、夫婦共稼ぎであればさらにプラスされます。

一方で国民年金だけの場合、四〇年間フルに加入しても一人月額六万六〇〇〇円、夫婦で約一三万円です。

国民年金の方の給付水準をもう少し上げたほうが安心できるのではないか。この点については今後も議論の余地があると考えています。

それからもう一つ、病気にかかったとき、現行の金額でカバーできるのか。その問題もあります。例えば介護ヘルパーのサービスを受けたときに、どこまでが個人負担になるのか。

年金問題を考えるときに重要なのは、年金問題だけを他と切り離して単独の問題として考えるべきではないということです。後ほど根本さんより医療・介護保険問題について提起してもらいますが、年金制度は常に、医療・介護・福祉など社会保障制度全体の中で、トータルに検討していかなくてはなりません。

どんなに多額の年金を受け取っても、医療や介護が高額なら、安心して老後は送れません。逆に医療や介護の負担が少なければ、少ない年金でも安心です。ですからトータルで安心感のある老後を送れるか。それが重要です。

そうした現状をしっかり見据え、安心できる年金の水準を維持することを、今後追求するべきでしょう。

保険方式か、税方式か

年金制度をめぐる議論において、〇八年から活発になったのが、年金制度を「保険方式」で運営するべきか、それとも「税方式」で運営するべきかという選択です。

日本の公的年金は、よく二階建ての家に譬《たと》えられます。一階部分は国民年金（基礎年金）、そこへの金額上乗せ分である二階部分は、報酬に比例する厚生年金保険（サラリーマン）、または共済年金（公務員）に当たります。

この一階部分と二階部分を、それぞれ保険で賄うのか、それとも税金を使うのか、または一部を税金にするのか、というのがこの議論です。

現行の年金制度は社会保険方式ですが、基礎年金を消費税によって賄う税方式への移行を主張する大手新聞社と、逆に社会保険方式を維持すべきだとする別の大手紙との間で、年金の財源についての論議が活発になりました。

保険方式は税方式と違って、保険料を支払った人だけしか年金をもらえません。そのベースの上に、保険料が高くなりすぎないように税金で一部を出す。あるいは一定の部分を税金で確実に担保します。

私たちがベストと考える年金制度は「保険方式」を採っている現行制度の改良型です。図で表すと次ページのようになります。

一方で、税方式の場合は保険料ではありません。税金ですから誰でも払わなければならない。民主党には国民年金の未納者が多いことを利用に、一階部分は消費税で全部埋

■現行制度

全国民共通の国民年金とサラリーマンの厚生年金等の二階建て
基礎年金の2分の1を税で負担

〈長所〉世代間で支え合う仕組み

〈課題〉低年金・無年金問題にどう対応するか

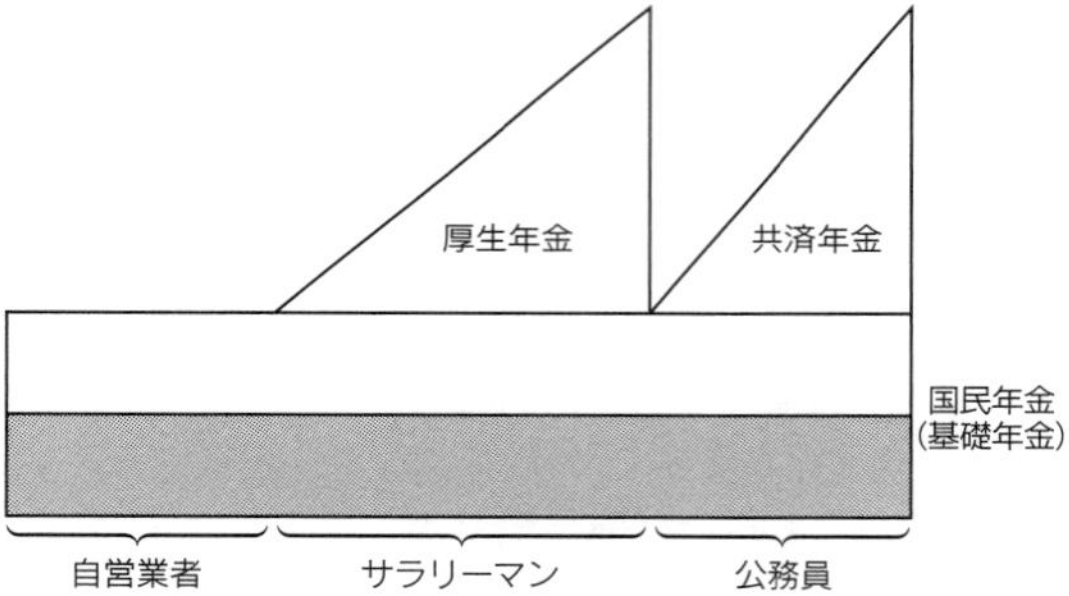

■スウェーデン型の年金制度

払った保険料に応じて年金を支給
働いていない人に対して税による保証年金

〈長所〉現行制度の改良版。税・社会保険の役割を明確化

〈課題〉職種間の公平な所得捕捉をどうするか

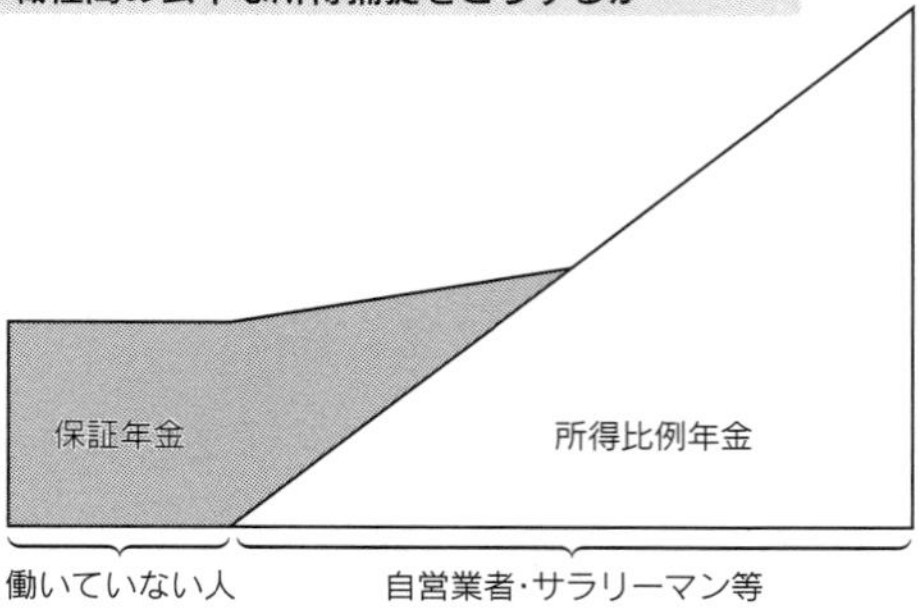

＊図中、網かけ部分は国庫負担（税財源）

めようと主張する幹部がいます。そうすれば、確かに未納者はいなくなります。しかし、すべてを税金でカバーすることを想定すると、多額の税金が必要です。例えば、一階部分の年金月額六万六〇〇〇円を六五歳以上の方すべてに支給するとすれば、約二三兆円が必要で、これだけで消費税一〇パーセントに相当します。そうした設定が本当に可能でしょうか。逆に消費税を現行のとおりの五パーセントとするなら、お年寄りの半分にしか基礎的な年金は支給されません。どちらにしても、とても現実的とは思えません。

民主党が設計する年金制度改革は、あまりに夢物語なのです。

自民党の中には、二階部分を自分が積み立てた金額に見合ったものにしよう、という議論が一つあります。つまり、たくさん納めた人は、支給額が多くなる設計です。これはわれわれより若い世代に支持する人が多く、彼らは、二階部分をほぼ積立に見合ったものにしようと言っています。

しかし、この考え方にも不安材料があります。将来例えばインフレ率が二〇パーセントくらいに急上昇した場合にどうなるか。老後の生活設計は破綻してしまいます。また、現役時代に収入の多かった人は、多額の年金をもらえるのでいいでしょうが、低い所得だった人は、納めた保険料の分しかもらえないことになります。

積立方式は自己責任に基づきますので、たくさん資産のある人ならいいでしょうが、そうではないと常に老後の不安がつきまとうことになります。

若手と同じように、二階部分は積立で良いといいつつ、「全部積立だけでは、社会的な不公平が生じる」という考え方を主張するベテラン議員も、党内にはいます。二階建て部分の載っている三角形を二つ想定することで公平をより重視した、社会主義的な設計です（次ページ参照）。

自民党の中で「税方式がいい」と言っている人たちにも、このように二つの派がある。しかし、この二つはまったく異なる方式といっていい。いわば同床異夢なのです。

損得勘定で議論すべきではない

マスメディアは、全額「税方式」と言っている人を抜本改革派だと単純に色分けしています。保険方式は微修正派と呼ばれます。そのように色分けすると、なんとなく改革

■自己責任をより重視した税方式（二階部分は積立方式に）

〈長所〉簡素な仕組み。二階部分は個人の裁量に委ねる

〈課題〉インフレ率が急上昇した場合に設計が破綻

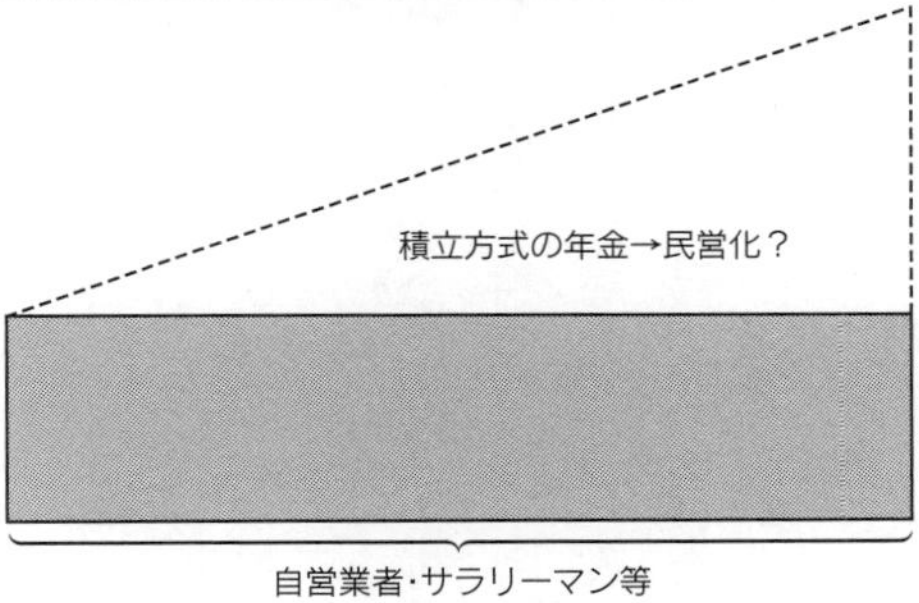

■社会的公平をより重視した税方式（二階部分にも税を投入）

〈長所〉二階部分にも税財源を投入し、手厚い年金を保障

〈課題〉巨額の税財源が必要となる

＊図中、網かけ部分は国庫負担（税財源）

派の方が優れているように聞こえます。ですから民主党には税方式を唱える人が多いようです。

民主党の中には自分たちが政策として出している「最低保障年金」という考え方が、税方式だと勘違いしている人さえいます。しかし実際のところ、最低保障年金はそこの部分は税金でカバーをしますが、基本的には保険方式です。政治家でも、このあたりの理解が乏しい場合がよく見受けられます。

われわれが考えるベストの年金制度はスウェーデンの年金制度をモデルにしています。スウェーデン型年金制度は、払った保険料に応じて年金給付が受けられ、かつ現役時代に十分な保険料を払えなかった人には税金を原資とした保証年金が支払われます。

現行制度のように世代間で助け合う考え方の方が、年金はより安心な制度になります。一方で少子高齢化はわれわれが考えていたよりもずっと速いスピードで進行しています。

私が初めて議員になったのは二〇年前で、その時の杉並区の高齢化率は一二・八パーセントでした。それが今はおよそ二〇パーセントです。さらにここからまた速まります。そのスピードを考えると、世代間の助け合いがどこまで続けられるのか疑問が生じます。

人口構成が変わり、支える人と支えられる人の割合が急激に変わっています。それが世代間の助け合いを難しくしています。必ずや、世代によって損だ、得だという話が出てくるのです。

しかし本来、年金のようにお互いが助け合う相互扶助の仕組みについては、損得論を入れるべきではないでしょう。

いずれにせよ、払い込んだ以上の金額の年金は必ずもらえる。これだけは変わりありません。年金に加入することは誰にとっても「お得」であると、もっと説明していかなければならないと思います。

老老介護の現場を目にして

今から二〇年近く前、高知で見た光景を、私は今でも忘れることができません。それは、七〇歳のご婦人が、九四歳のおばあちゃんを抱えて、家から四〇メートルぐらいのところに停めてある車まで歩き、その車を運転して施設へ連れていく姿です。

まだ老老介護などという言葉がないとき、介護保険導入前でした。「こんなことがあるんだ」と驚いたのを覚えています。しかし、今や老老介護は全国的な問題です。超高齢化社会を迎えた私たちにとって、決して他人事《ひとごと》ではないのです。

長生きすることはすばらしいことです。先人たちが長い努力を続けてきて、世界に誇るべき食文化、生活習慣もあって、日本は世界一の長寿国家となりました。

ところが、現実には高齢化というと暗いイメージで語られてしまいます。

そんなことはない、と私は思います。そもそも高齢者の定義が時代に合っていない。通常、六五歳以上の人が高齢者と呼ばれていますが、なぜ六五歳かは、わかるようでわからない。調べてみると一九五六年、国連の経済社会理事会が、全人口に占める六五歳以上の人口割合を「高齢化率」と定義したことがルーツのようです。

一九五六年。今から五〇年以上も前の話です。うちの頑固親父が、『太陽の季節』で芥川賞をとった年です。その頃と今では、まったく時代が違う。当時はともかく、今の六五歳の人は、ぴんぴんしていてとてもお年寄りとはいえない。面と向かっておじいさん、なんて呼びかけたら間違いなく怒られます。定義そのものから見直したほうがいい。元気なお年寄りがたくさんいる国。それが日本です。高齢化といっても、ちっとも暗い国ではない。長生きした人が、まるで社会のお荷物のように、肩身を狭くしているなんて、絶対にいけません。

ネーミングセンスに欠ける「後期高齢者」医療制度

高齢者というのはだいたい言葉の響きがよくないのです。最近、そのことを痛感したのが「後期高齢者医療制度」の問題です。高齢者だけでも響きがよくないのに、さらに「後期」までついている。怒られるのが当たり前です。厚労省の役人が英語を直訳して、この名前をつけたそうですが、見事にセンスがない。というより、どんな名前をつけようか、考えたとは思えない。

スピードの速い時代、ネーミングは大事です。名前を聞いただけで、中身が想像できるようでなくてはいけません。それがまったくわかっていない。こんなところにも、国民に対して説明しよう、わかってもらおうという気持ちを、役人が持っていないことを感じます。

お陰で、制度の内容に入る前に、感情的に許せないという方ばかりになってしまった。

この制度は、お年寄りが増えればどうしても医療費が増えるという切実な問題に、何とかして対処しようと考えられた制度で、その考え方は間違っていない。ところが年金の問題と同じで、マスコミや一部の政治家の手で、よってたかってダメな制度だと烙印《らくいん》を押され、間違ったイメージが広がってしまった。

もちろん、改善すべき点も多々あることは事実です。実際問題、われわれも既に様々な点に手直しを加え、現状では、お年寄りの医療にあった大きな地域間格差は縮小され、七五パーセントの人の保険料は軽減されています。

その結果、やっと感情的な議論はおさまりつつあり、アンケートなどでもこの制度を評価する声が、日増しに大きくなりつつあります。

それなのに、民主党は今、後期高齢者医療制度をとりやめると言っています。しかしもしやめたら、今後お年寄りの医療費を、どうやって負担しようというのでしょうか。

今の制度なら、現役世代の窓口負担は三割ですが、お年寄りの負担は一割。どのような高額の治療を受けても、負担の上限は月額約四万円です。保険料も特別に軽減していま す。所得の低い方はもっと安い。例えば一〇〇万円の手術を受けても、支払いは四万円。世界に類をみないとても良い制度だと思います。

それを元の制度に戻し国民健康保険の中でみることになると、お年寄りの保険料はグーンと上がらざるをえない。保険料を上げずに、その分を市町村が負担すれば、財政力のない市町村は破綻しかねません。

後期高齢者医療制度をやめることによって起きる悲惨な状況を、民主党はどこまで真剣に考えているのでしょうか。ただ、自民党の政策に難癖をつけるのが目的ではないのか。そんなふうに見えてしまいます。

国民の将来がかかっているこうした制度改革において、民主党の取り組みはあまりに国民軽視ではないか。それが果たして国民のためになるのでしょうか。

7——（根本）アメリカ型と一線を画した社会保障を

政務次官レクをバトルトークに変えて

年金は、国民生活の安心の基盤となる制度ですから、政争の具にしてはいけません。この点、私は石原さんと一〇〇パーセント同意見です。

党派を超えて年金制度を議論してきた国、それがスウェーデンです。

スウェーデンでは一〇年かけて現行の年金制度に変えましたが、その過程では各党から一人ずつ代表を出し合い、数理経済学者をメンバーに入れて取り組みました。互いに少しずつ譲歩しながら超党派で議論を進めました。

スウェーデンの改革のプロセスで大切だと思うのは、実は長い年月をかけて議論をしていることです。超党派で真摯《しんし》に協議して、政争の具にしない、これが私はポイントだと思います。各政党から代表が出て、その代表間で徹底的に議論する。労働組合や経営者団体、年金受給者団体などの利害関係者はメンバーから外しますが、意見は聞くのです。

数理計算の専門家を入れているのは、具体的な議論をしたとき、では、こういう案なら給付と負担の水準はどうなるのかという算数式をわかりやすく説明してもらうため。年金というのは給付と負担の数字の議論ですから、これに専門家を加えてやるわけです。スウェーデンでは、議論の途中で政権が交代しているのですが、方針の変更はなく、一九九一年一一月からスタートした議論が、九八年に案として国会で成立しています。スウェーデンでは、こうした過程をコンセンサスポリティックス、合意の政治といっています。やはり徹底的な調査研究活動を通じて、事実は何かを追究し、論理を積み重ねながら合意形成を目指すことが大事なのです。私は、社会保障、とりわけ年金こそこういう議論をすべきで、だからこそ、与野党とも年金は公約に入れずに選挙に臨んでいるのだと考えています。

繰り返しますが、本来の年金制度の性格を考えると、スウェーデンのような議論の進め方がどうしても必要なのです。

ここで少し過去に遡って、これまで私たちがどのような年金制度改革に取り組んできたかについて触れておきます。

九八年二月、厚生省（現・厚生労働省）が「公的年金制度改革案」を発表しました。

私が厚生政務次官に就任して間もなくのことです。当時はまだ副大臣のポストがなく、政務次官は「役所の盲腸」、つまり仕事のない余分なポスト、と陰口を叩《たた》かれていた頃でした。

私はそれまで衆院の厚生委員会や自民党社会部会で五年間厚生行政に取り組んでいましたので、役人が「素人の政務次官」向きに用意した「所管のご説明」は知っている内容ばかりでした。

それを聞きつづけるのにさすがに我慢できなくなって、「一方的な説明はもういいから、具体的な政策テーマごとに双方向の形式で議論しよう」と事務方に持ちかけました。

通常、政務次官に対して役所の人間が説明することを「政務次官レク（レクチャー）」といいますが、私はまず、この言い方を、フジテレビの報道番組「報道２００１」から拝借した「バトルトーク」に変えさせました。

「ご説明」だったときとは大違いで、若手官僚との議論はときに二時間を超えることもありました。他の役所に比べ、厚生労働省の場合、政務次官レベルで議論するテーマが多くあります。そのため、政治家が政策の企画・立案過程に関わることができ、政策をより良い方向に進化させることができるのです。

年金給付額は下がらない！

「公的年金制度改革案」が公表されたのは、私が政務次官に就任してから三カ月目でした。当時は、国民に説明すべき立場の政治家ですら、大半は今後の年金の給付額が下がると思い込んでいました。でも、そうではなかった。厚生省は、数式の正確な解釈に気を取られすぎて誤解を招くような説明に終始し、一方、本来それをわかりやすく国民に正確に説明すべき立場の政治家も、明らかに勉強不足でした。

最初に年金局の企画官から説明を受けた際には、政務次官の私でさえ何を言っているのかサッパリわかりませんでした。そのわかりにくさ、説明の下手さたるや、どうしようもないものでした。

「資料からもおわかりのように、総支給額が二割削減されますが……」などと説明するものだから、年金の給付額が下がると誰もが誤解してしまったのです。

年金の数理方程式を素直に解けば、確かに企画官の言うとおりです。しかし、実際のところ、支給額が下がるわけではありません。日本の年金制度は、現役で働いている世代が保険料を出し、そこに税金を加えて対象者に給付する、いわば世代間の助け合いです。負担する人と給付される人がいる。その給付と負担のバランスをどうとるのか、というのが改革の肝で、その時の案はそのバランスについて、伸び率を抑制することを目標にした、要は六〇代後半で働いている人、収入のある人の年金を少し遠慮していただき、六〇代前半の二階部分の支給開始年齢を段階的に六五歳に引き上げるというものでした。

つまり、支給額の〝上がり方〟が従来より抑制される、ということなのです。しかしそれは支給額自体が減るわけではない。あくまで〝上がり方〟に言及したものでした。同時に、基礎年金の国庫負担率を二分の一に引き上げることで、個々人への支給額は減少しないというのがポイントでした。

この仕組みを正しく説明するにはどうしたらいいか。

年金制度改革案の内容が誤解なく伝わるよう、石原さん、塩崎さん、安倍さんと四人で六回にわたって勉強会を開きました。そして、『これが年金改革だ…年金なんかこわくない―政治家なら、こう説得する―』という冊子を作りました。言ってみれば、誰でもわかる年金改革の参考書です。完全版は表紙を含めて一五ページに及びました。

「支給額が減る」という誤解が生じた背景

なぜ、「個々の支給額が減る」などという誤解が生じたのでしょうか。

少し時間を遡ると、そもそも年金改革は、私が厚生政務次官になる前から始まっていました。少子高齢化が想定以上の速度で進行しているため、年金制度全体の総支給額を何割か削減しなければならなくなっていました。

そこで、厚生省ではいくつかの削減の選択肢を示す形で議論を進めていました。議論したこと自体は間違ってはいません。しかし、「総支給額を減らす」ということが誤った形で世に伝播《でんぱ》し、「年金は下がるんだ」「将来は破綻するんだ」「もうもらえないんだ」と、国民に無用の誤解を与える結果となってしまったのです。

つまり、年金の総支給額が減ることが、個々人の支給額が減ることとイコールだと受け取られてしまったのです。

例えば、九七年一二月に厚生省が発表した「五つの選択肢」には、二〇二五年時点での厚生年金の総支給額を何割削減するか、という「マイナスの選択肢」が例示されています。よく読めば、一人当たりの実際の支給額が現在より減るのではないことがわかるのですが、新聞各紙は「総支給額二割抑制」なる見出しを掲げ、「保険料は上がります」と書きたてました。

こうした誤解は、基本的に今になっても解かれていません。

繰り返すようですが、総支給額が減っても、個々人レベルでは「増え方」が鈍るのであって、金額そのものは増えるのです。

しかし、官僚は官僚の立場から政策を立案するため、このような誤解がしばしば生じます。それをマスコミが煽り、ますます、おかしなことになってしまいます。

突然のブッチホンと官邸での昼食会

われわれが当時作成した冊子は予想以上に大きな反響を呼びました。

完成した翌々日に全国紙が一斉に報道。入手希望者が殺到しました。また、田原総一朗さんの日曜朝のテレビ番組、テレビ朝日『サンデープロジェクト』の「年金破たんを阻止せよ――自民新人類の大胆計画」と題するコーナーに出演しました。

サンデープロジェクトの翌日、さらにおまけの出来事がありました。

「小渕です」と、突然電話がかかってきたのです。当時の小渕恵三総理（故人）がたまたまテレビを見ていたそうです。小渕総理はいろいろな人に前触れなしに直接電話するので、皆がそれをブッチホンと呼んでいましたが、そのブッチホンが来たのでした。

総理に「首相官邸に四人で昼ご飯を食べに来てくれ」と言われました。われわれはまだ当選二回、三回のぺーぺー議員です。それがいきなり官邸へ招待されたのです。

当時の自民党は、まだまだ長幼の序を重んじていました。そこで時の総理に呼ばれるのですから、えらく緊張しました。

何をご馳走してくれるのかと思ったら、出てきたのはカレーライスでした。

「何だ、カレーか」と思いましたが、それを食べながら小渕先生は、「あなたたちの出たテレビを見た。厚生大臣が国会で答弁しているのを聞いても、私は何にもわからん」

とおっしゃいました。

とても素直な人です。「年金とか社会保障は龍ちゃん（橋本龍太郎元首相、故人）がやっていたから、僕はわからないんだよ」と言います。そして、「年金ってどういうことだ」「介護保険というのはうまくいったか」など、いろいろ聞いてきました。

最後には、「あんたたちの説明はよくわかったから、党の年金説明係は、これからあんたたちがやってくれ」とおっしゃるわけです。さすがにその時はみんな感激した、というよりも呆然としてしまいました。

念のために事務所に戻ってから自民党の年金調査会長が誰か調べると藤本孝雄先生（元農水相、引退）です。藤本先生に代わって説明をするなどとても畏《おそ》れ多いと思い、総理からのお申し出は「まだわれわれは当選年次が浅いから」という理由で丁重にお断りしました。

「二階部分の民営化」は間違っている

最近のベストセラー本の一つに、中谷巌《いわお》さん（現・三菱UFJリサーチ&コンサルテイング株式会社理事長)の『資本主義はなぜ自壊したのか――「日本」再生への提言』(集英社インターナショナル)があります。自省の著作として話題を呼んでいますが、この中谷さんが小渕内閣の首相諮問機関「経済戦略会議」のメンバーでした。

中谷さんは、「公的年金は一階の基礎年金部分だけでいい。二階部分は民営化しろ」と、年金民営化を説いていました。

中谷さんの説は世界銀行が中南米諸国に推奨したパターンで、チリやアルゼンチンがそのやり方を採用していました。小渕さんは、「俺はわからないから、君たちが中谷先生と議論をしてくれ」とおっしゃっていました。

しかし、私は当時から中谷さんのそうした年金論は間違いだと思っていました。当時は、民営化を唱えれば即改革派=善玉という風潮でしたが、一口に「二階民営論」といっても、それが何を意味するのかがきちんと議論されていませんでした。

突き詰めていくと、「二階民営論」とは、二階部分を公的年金ではなくする、ということです。企業の拠出がついてこないので年金額も下がる、つまり厚生年金を社会保障ではなくする話なのです。

もし、二階部分の厚生年金が私的年金だったら、バブル経済崩壊後の八年間は株価と地価が下がりっぱなしでしたから、大変なマイナスになったはずです。

アメリカ型競争とは一線を画した社会を

厚生年金を民営化することで見えてくる社会は、まさに自己責任・自己決定・自主自助努力の考え方が徹底された社会です。そういう社会に日本は踏み込んでいくべきではない、と私は強く信じています。その考え方が〇八年秋のリーマン・ショック以降、ようやく国内外で見直され始めています。

自主自助努力が、これからの時代に不可欠な要素であることは変わりありませんが、日本が目指すべき社会は、アメリカ型の弱肉強食の競争社会ではなく、もう少し温かみのある社会ではないでしょうか。

その意味では、年金制度の二階民営化という自己責任・自己決定を強調する社会ではなく、むしろ独自の良さを活かしながら温かみのある社会を構築していくべきだと思います。

今後も年金は現行制度の世代間の助け合いの仕組みを変えずにいくべきです。

介護保険導入時のどたばた騒ぎ

介護保険の論議が始まったのは、九四年、当時の厚生省が「新しい介護システムの導入」を提起したときでした。

以後、法案成立までの四年間に、全国各地で各界各層の意見を聴取。国会では三国会にまたがって法案審議を重ねました。私も衆院厚生委員会の委員として法案審議に参加し、さらに厚生政務次官として制度の準備作業に携わりました。

日本は、高齢化が急速に進み、介護を要望する人も増えていました。だから、介護保険は待ったなしで取り組まねばならない課題でした。

年金同様、税方式か保険方式かの議論は不可欠ですが、当時、自民党と連立政権を組んでいた小沢一郎党首率いる自由党は、税方式を主張しました。しかし、その方式をとることで、消費税率が何パーセント上がるのかを明言することは決してありませんでした。

この議論の中で、突然、翌年度の介護保険導入に伴う保険料を、半年間徴収しないという方針が打ち出されたのです。しかし、制度の導入に意欲的に取り組んできた市町村長からは「毎晩、説明会を開いて、住民には理解してもらっている。予定通り保険料を徴収してもらいたい」という声が、われわれのもとには届いていました。思わぬ事態は、介護保険は安心できる高齢化社会をつくるもので、負担の議論を避けてはいけない、国民に対して積極的に必要性を説くべきだ、という思いを、むしろ強くしたのです。

そこで自民党若手議員で「介護保険問題突破議員連盟」をつくりました。最初は石原さんと二、三名で議論していたのですが、その後、われわれに協力してくれる二〇人くらいの中核部隊ができ、最終的に九〇人にまで膨れ上がりました。三期生以下の議員の過半数が入ってきましたから、その求心力はかなりのものでした。田中眞紀子元外相も後から入ってきました。

そこで、われわれがやったのは当時の亀井静香政調会長（現・国民新党代表代行）、安倍晋三社会部会長らと夜中まで徹底的にやり合うことでした。

朝、昼、晩と各々三〇分間ずつ、若手中心に議論しましたが、それでも埒《らち》が明かない。

さらには厚生相の座から降りていた小泉純一郎さんまでわれわれの応援に来てくれました。ついこの間まで厚生相をやっていた人が、まさか来るとは思いません。われわれ一同はすっかり驚いてしまいましたが、一番ショックを受けたのは安倍さんら社会部会の幹部たちでしょう。

夜、広い部屋で、みんなが見ているところで面と向かって小泉さんが発言するのです。安倍さんと介護小委員長の衛藤晟一《せいいち》さんに向かって、「恥ずかしくないのか、君たちは」と静かに言ったときは震え上がりました。

小泉さんは役者です。

最後には安倍さんから「何とかしてほしい」というSOSが来て、結局〝寸止め〟。要するに、皆疲れて喋《しゃべ》らなくなった頃を見計らって、「いろいろご意見はございますが、後は安倍部会長にご一任願えますか」と矛を収めました。

最終的には当時の自自政権（自民党・自由党）の連立合意で、徴収実施まで半年間の猶予を与えるという決定が下されました。

先送り分の財源として約一兆円の赤字国債が発行されました。

この結論は、私たちの感覚では許せるものではありませんでした。当時は若かったことも手伝いました。政治家になって初めて怒った場面でした。

ただし、やり合うところはとことんやり合ったという自負はあります。

印象に残っているのは、最終局面で亀井先生が涙を見せたことでした。ガンガンやったからなのか、作戦だったのか、そのあたりの真相は未だにわかりません。

介護保険は、日本の少子高齢化にぎりぎりで間に合った、というのが私たちの認識です。たとえ国民負担をお願いしないといけないときでも、私たちが果たすべきは、正しい情報を提供し、それについての説明責任を果たすことなのだと思います。

年金改革は具体的な制度設計を示すことが肝心

民主党のマニフェストをご覧になった方も多いと思います。私も読みましたが、全体として、子ども手当や高速道路の無料化など大盤振る舞いの内容になっている一方で、肝心の財源論については曖昧《あいまい》なままという印象を受けました。

その中でも、年金改革案については、全制度を所得比例年金として一元化し、全額消費税財源による最低保障年金を創設するといったことが書かれているだけで、財源や給付設計などの詳細がまったく明らかにされていません。所要額の記載すらない。詳細を示すと国民の皆さんに苦い現実を見せることになるから、制度設計は政権を取ってからと言い訳して逃げているようにも見えます。

こと年金制度については、財源論を含めた制度の細部が明らかになって初めて議論の対象となるのです。このままではとても改革案と呼べる代物ではありません。

例えば、所得比例年金の一元化を例に挙げましょう。

自営業者もサラリーマンも公務員も同じ制度に加入して、職業が替わっても面倒な手続きがいらないように、年金制度を一元化するというのは聞こえのよい話です。しかし、源泉徴収で税金を納めているサラリーマンと違い、自営業者の方々の所得をどのように公平に把握するかというのはたいへん難しい問題です。自営業者のうち申告所得税を納めているのは二割しかいないというデータもあります。

だからこそ、現行制度は今のところ職種ごとに分立した制度になっているのです。すべての制度を一元化したら所得捕捉の面からかえって不公平が出てきたというのでは困ります。それならば、所得捕捉を確実に行えるよう、民主党は納税者番号制度を導入するという主張なのかといえば、それがマニフェストに出てくるわけでもありません。

それから、自営業者の方々は、現在、国民年金で月額一万四〇〇〇円あまりの保険料を支払っています。所得比例年金では、サラリーマンは現行の厚生年金と同じく労使折半で所得の一五パーセントの保険料を負担するとされていますが、雇い主のいない自営業者の場合、単純計算でサラリーマンの二倍の保険料を負担することになります。

わかりやすくいえば、例えば年収四〇〇万円の方であれば月額五万円、年収八〇〇万円の方であれば月額なんと一〇万円を保険料として支払うということです。

制度を切り替えたら、すぐにこのような負担が現実のものとなるのです。こうしたことをはっきりと示したうえで国民の信を問うというのが公党としてのあるべき姿ではないでしょうか。

持続可能で安心・信頼できる年金制度へ

年金記録問題の発生以来、年金制度は潰れるんじゃないか、自分の年金はもらえないんじゃないかという不安の声をどこへ行っても聞きます。しかし、実は年金制度自体は最近の改革により、財政的にはかなり底堅い仕組みになっているのです。

かつての年金制度は、五年ごとに給付と保険料の水準を適宜見直すという仕組みでした。少子高齢化が進むなかで、見直すたびに負担は上がり給付は下がると思われ、若い世代を中心に年金制度に対する信頼が失われる状態にありました。

〇四年の改革では、保険料上限を固定し、これを実現するための自動調整装置として給付をなだらかにする仕組みを導入しました。給付調整といっても、年金額を下げるのではなく、あくまで引き上げを抑えていく仕組みです。年金は物価が下がったときはその分下がりますが、そうでなければ下がりません。

また、基礎年金の国庫負担の割合を二分の一に引き上げることによって、保険料が将来高くなりすぎないようにしています。これによって、無理なく払える負担でほどほどの年金が確保できる、長期的に持続可能な年金制度となったのです。

ただし、これには前提があります。

それは、出生率が一・三程度をキープしつつ、実質経済成長率一パーセント程度を達成すること。逆にいえば、現状以上に少子化を進行させないこと、一定の経済成長を保つことが年金制度を持続可能にするのです。

ですから、このことを国民の皆さんの共通認識として、今後、少子化対策や経済対策等のもろもろの施策を行っていくことが大切になってくるのです。

それから、無年金・低年金問題への対応も忘れるわけにはいきません。年金制度は保険料を納めた実績に応じて年金を支給する仕組みですので、保険料を滞納していた人に保険料を納めた人と同じ年金を出していては、保険料を真面目に納める人はいなくなってしまいます。

一方、低所得のために保険料を払えない人については、保険料の免除を受けることができますが、その場合は年金額も減額される仕組みになっているのです。これでは現役時代の貧困が、老後の低年金の原因となるという「貧困の再生産」といわれても仕方がありません。

そこで、発想を変えてはどうか。つまり、低所得で免除を受けると保険料の負担がない代わりに年金も低いというのではなく、公費で保険料を肩代わりする。そうすれば、保険料が支払われたことになりますから、将来、満額の年金を受け取ることができます。つまり、そういう弱者を救済する政府をつくり上げるべきです。

また、現在すでに低年金で生活に苦しんでいる人へも手を差しのべる必要があるのではないでしょうか。現在の年金制度では、基礎年金の満額は月額六万六〇〇〇円で、夫婦二人の場合、月額一三万円強となります。一方、生活保護の基準については、一番高い東京都二三区の場合、夫婦で一二万円ですが、一人暮らしの場合は八万円となっています。年金は生活保護と異なり、他の様々な生計手段と合わせて老後生活にかかる費用を賄うものですが、一人暮らしの方にとって基礎年金だけで生活するのが大変であることもまた事実です。

そこで、一人暮らしの高齢者等に支給される基礎年金に、一定の加算をするのです。こうすれば、生活保護の基準と逆転することもなくなりますし、何より高齢者の方の安心につながるのではないでしょうか。

もちろん、こうしたことをやろうと思えば財源が必要です。私たちの試算では、保険料の支払いに対する支援措置で二兆円、加算制度で一兆円、合計三兆円の財源が必要です。消費税率換算で一パーセント強に相当する数字です。もちろん、小さな金額ではありませんので、こうした財源を安定的に確保するためには、税制の抜本改革の議論を避けて通ることはできません。政策の具体的な姿を明確にしつつ、その財源規模をはっきりと示し、実現に結びつけていくことが何よりも重要であると考えます。

こうした現行年金制度の機能強化を図ることにより、人々が安心して暮らしていける年金制度をつくり上げる。これこそが政治の果たす責任なのです。

社会保障費に消費税を充てる

これからの日本を考えるにあたって、最も大きな問題は財政問題です。すなわち、ますます進む少子高齢化社会を支える社会保障費をどう賄うかという一点に尽きます。

税制を論じるに当たって、「財源論」、つまりどこから税金を集めるのか、という議論から逃げてしまったら、日本という国は立ち行かなくなります。議論の基本的な順序はしっかり考えなければいけません。

上げ潮路線といって、今は経済対策を行って、成長率を上げ、景気が良くなったら税収も増える、借金も減らせる、消費税を上げる必要はない、と言う人もいます。しかし、それは違います。消費税イコール社会保障の財源と明言すべきです。社会保障費の増大を賄う財源として消費税をきちんと確保すれば、日本の財政問題はなくなる、と私は思っています。積み上がった借金は、徐々に長い時間をかけて減らしていけばいい。複式簿記の考え方でいけば、借金は必ずしも全額返済する必要はなくて、一定の借金があっても構わない。五〇年くらいのタイムスパンで考えて取り組めばいい。

日本は世界一の少子高齢化の国です。だから、今後は社会保障費が増えていきます。その増加分を、これまでは他の財源を削って充《あ》ててきました。社会保障の体系の中でも、増加分を削ると実は医療にほころびが生じていることが判明しました。介護も同じ。介護施設の従業員が給料を削られ、「生活できない」と言って辞めていく……といった状況です。まさに今が手を打つのにぎりぎりのタイムリミットです。

無駄があるから削ってそれを充てろ、というのは、長期的にみれば問題の先送りと同じこと。ベースとなるお金が五〇兆円ぐらいしかないのに、社会保障費は毎年一兆円ずつ増えていく。それではいくら削っても限界が来ます。ここ五年くらいずっと削ってきましたが、既に削る余地はなくなっています。

だから、本当に安心できる国を創るのであれば、この増大する社会保障費の財源として、消費税を充てるしかありません。

景気が回復し、本来の成長軌道に乗った時点で、消費税を含む所得税、法人税等の税制抜本改革を行う必要があります。

積極的な社会保障を

もちろん無駄を省くのは必要です。しかし、無駄を省くといっても、不足分は一ケタ違うのです。数字を出せば納得していただける話だと思います。しかも、民主党は、「四年間は消費税の議論をしない」と言っていました。四年後に議論を再開したとしても、実際に消費税を上げるまでにさらに三、四年はかかるでしょう。つまり八年間この問題を放置すると言っているのと同じです。無責任極まりありません。

問題はスピードです。人口減少が顕著になったときに、「一〇年後に消費税をあてにする」などと言っていては間に合わない。消費税で社会保障費を賄えるようにするには今がギリギリなんです。そこを理解しなくてはなりません。

消費税というとどうしても負担という側面だけが強調され、暗い議論になります。しかし、これは負担ではありません。経済学上、消費税を上げて社会保障費に充てると、経済成長についてはプラスマイナス・ゼロという結果が出ています。

つまり税率を上げて徴収した部分をちゃんと使うため、結果的に経済は潤います。そして国民生活の安心を確保できます。負担の一方で受益も伴う側面をきちんと提示すべきです。安心した生活の将来や設計が描ける、そういった「負担だけじゃない」という議論をきちんとしたほうがいい。

われわれは最近、これを「積極的な社会保障」といっています。社会保障というと負担ばかり強調され、社会のお荷物というイメージが強いものですが、そうではありません。社会保障を充実することで、新しい需要も生じ、介護ロボット等の新技術、新産業も生まれ、経済が活性化します。

社会保障をもう少し積極的な意味合いで捉える必要があります。

社会保障がきちんとしていれば、老後の蓄えといわれる一五〇〇兆円の金融資産が市場に流れ込むことにもつながります。

「消費税アップが、ひいては経済の活性化に役立つ」という前向きな捉え方が必要ではないでしょうか。

そのうえで早期検診の義務化や新薬、研究開発の支援によるガン撲滅運動の推進、生活習慣病予防大国の実現、ｉＰＳ細胞による再生医療世界ナンバーワン国家を目指すべきだと考えます。

つまり、国民の健康と安全を支える自民党に変貌《へんぼう》しなければ復権などありえないということです。

私は、日本に対する危機感と同時に、自民党に対してもそういう厳しい認識を持っています。

8——石原 時代の変化に応じた子育て対策を

女性が働きやすい施策を

フランスは、少子化対策の先進国として、近年よく例に挙がるようになりました。一九九四年、フランスの女性が一生に産む子どもの数は一・六五まで低下したのですが、手厚い家族手当や、保育ママ制度など在宅サービスの整備といった対策を講じた結果、二〇〇六年に一・九八にまで回復しました。

この例を持ち出して、「女性への援助を充実させたから子どもが増えた。日本も手当をもっと充実させるべきだ」と主張する人がしばしばいます。

私も少子化対策にきちんと取り組む必要性は感じています。しかし人口減少で将来の社会保障を支える者がいなくなるから、今から手当を厚くして人口を増やすべきだ、という主張に対しては少々違和感を覚えます。

もし、高齢化社会を支えるために人口を増やそうと思うなら、海外からの移民を促進するほうが間違いなく効果的です。先進諸国の多くがそうしています。アメリカしかり、フランスしかり。イギリスもオーストラリアもそうです。

ニュージーランドは、今や中国人をはじめとするアジア人の割合が一割を超え、特別枠で議員まで出しているほどです。

少子化対策は、子どもの数を増やすのを主目的とするのではなく、子どもが沢山いる社会をどうしたらつくっていけるか、そこを議論の出発点として捉えなくてはなりません。

冒頭に出したフランスの場合、社会的な背景をつぶさに見ると、日本とは事情がいろいろ異なります。

まず一つはフランスが移民の国であること、もう一つはカソリックの国であるということを見逃してはなりません。

また、婚姻制度に対する考え方も、フランスと日本とではずいぶん違いがあります。フランスでは、周知のとおり、婚姻届を出さない事実婚のパートナーが社会的に認められていますから、結婚していない人でも子どもをつくるのに躊躇する理由がありません。

フランスでうまくいった制度を、単純に日本に導入するだけではうまくいかないことは明らかです。金銭的に援助するだけではなく、日本の社会の変化に合わせた対策が必要です。

一方で、女性の方々には、社会の労働力としての期待もかかります。少子高齢化とは、働き手の数が少なくなることですから、それを何とかしようと思えば、他の国から来てもらうか、今働いていない人に働いてもらうかしかありません。つまり、移民政策をとるか、女性やお年寄りにもっと仕事をしていただくかしかありません。

子どもも沢山産んでいただきたい、仕事もしていただきたい。あれも、これもで女性にかかる期待は大きくなる一方です。

そんな観点からいうと、少子化対策と、働く女性の応援は切り離すことはできません。より働きやすく、より子どもを産み育てやすい社会をつくらなくてはなりません。もちろん、不足している幼稚園や保育園を充実することは当然です。また育児休暇、介護休暇を、しっかりとれる仕組みを整備することなどもその一例です。

確実に職場に復帰できるなら、安心して子どもを産むことができますし、ワークシェアリングの観点からいえば、休暇の間は他の女性に仕事の機会を与えることにもなります。

具体的な施策は、いくらでも挙げることはできますが、大切なのは、ちょっと古臭い言い方ですが、子どもは社会の宝だという心です。みんなで子どもをいつくしむ。そんな社会をつくっていくことが、回り道のようでも、本当の少子化対策につながるのだと思います。

教育現場の変化にどう対応するか

ウチは、まったく手のかからない大学生の娘と、手がかかる小学生の坊主を相手に子育てに奮闘中です。彼らを見ていると、明らかに勉強の中身が詰め込み式になっています。求められているレベルが驚くほど高いのです。

なかなか時間をとることができませんが、それでも時折、長男の勉強を見てやることがあります。すると、「えーっ!? こんな問題を小学生がわかるわけない!!」と驚くような難易度の高い漢字問題、算数の応用問題と格闘しています。

大人の私から見ても難しい内容です。どうやら中国のエリート教育に似てきてしまったのではないか、そんな危惧《きぐ》を抱きます。

ゆとり教育で教える内容を減らしたマイナスの反動が、今、子どもたちに押し寄せているのでしょう。いわゆる〝ゆとり世代〟の学力が落ちた反省があって、また詰め込みに逆戻りした結果といえます。公立の小学校でも、八、九割ぐらいの子が塾に行っているそうです。

また、最近気がかりなのが、どうも日本社会は寛容さを失いつつあるのではないかということです。例えば、今、多動症の子どもが全体の五パーセントもいるといわれています。二〇人のクラスに一人はいる計算です。すると、「こういう子がいるので、外してくれ」「特殊支援学級の方に連れていくように」と、親がわれわれのところに陳情に来ます。担任の先生や校長先生に言うのが一般的だと思いますが、それを飛び越えていきなり政治家に訴えてくるのです。

もちろん自分の子どもはかわいいでしょう。だからわが子の「邪魔」になる子どもを「排除」したいのかもしれません。しかし、あまりに簡単に「排除」を求めてくるのには危機感を覚えます。

そういう私は小さい頃、落ち着きのない子でした。小学校の授業がひとコマ四五分の時代でしたが、いつも「早く終わらないかな」と思っていました。学級参観で私が後ろを向いてぺちゃくちゃ喋るのが恥ずかしくてしょうがなかった、と父が本に書いているほどです。

人より発育が少し遅かったり、落ち着きがない子どもを、社会はどう受け入れていくべきか。

昔だったら、クラスに一人や二人、そうした子どもがいても誰も気にしないものでした。また、家や地域に、「ちゃんと座ってじっとしていなさい」などと言ってくれる人がいたものでした。

子どもをみんなで温かく見守りながら育てる。そうした雰囲気が消えてしまった今、保健室に臨床心理士やカウンセラーが常駐する学校が増えています。おじいちゃんやおばあちゃんが果たしていた役割を、専門家が担っている。公の制度がこうした問題にまで対応しなければならない時代なのかもしれません。

医療費無料の功罪

われわれは乳幼児医療を無料にするよう活動してきました。実際、今はどこもだいたい無料で、東京都では中学生も無料です。

一方で、こうした施策の弊害も目の当たりにします。

例えば夜間の小児科に来る子どもの半分以上は、熱が出たとか指を切った程度の、緊急性のないケースです。看護師さんが電話相談で応じればすんでしまうのに、すぐ受診するものですから、小児部門は必要以上に忙しくなります。

また、「治療のついでにアレルギーの検査も全部してください。血液検査もしてください」などと平気で言う親が増えています。そういう親に限って、診療時間が終了する間際に飛び込んできます。

さらに、「たいしたことないですから、また来てください」と医師が言おうものなら、「だって医療はタダなんでしょう。私たちには受ける権利があるでしょう」などと医師や看護師を困らせる親さえいます。

こうした現状を医療現場で耳にするたびに、医療の無料化という政策は、そろそろ曲がり角を迎えているのではないか、もう少しやり方を考えたほうがいいのではないかと思います。

例えばいきなり無料という形をとるのではなくて、その場で一度費用を払ってもらう。その後、その分を申告して払い戻す。

そうした手続きを踏むことで、「タダ」の医療に実際いくらかかっているのか実感するでしょう。タダの分は一体誰が払っているのか、考える糸口になるかもしれません。

タダといっても、結局は税金で埋めています。国民が支払う税金が、タダの医療を実現するために使われている事実をきちんと認識できる仕組みに、そろそろ変えるときだと感じています。

教育現場でも激増するモンスターペアレンツ

毎年正月には東京の私立中学校・高校の校長先生方との朝食会を開いています。私立校の現場の先生方に集まっていただき、生のご意見を伺って、政策に反映するための会で、私も毎年必ず参加しています。

一昨年、われわれは初めて、現実にどういう親がモンスターペアレンツなのかを伺いました。

実はこうした各界の意見を聴く会というのは、頻繁に開かれています。ところが、なにしろ国会議員は忙しいため、顔だけ見せて帰るのが常です。しかし、この時だけは、参加した東京都の国会議員が誰一人、中座しないのです。二〇年間こうした会合に出ていますが、こんなに盛り上がったヒアリングは初めてでした。教育現場がおかしくなっていることを、皆、肌で感じていたのでしょう。

そして話を聞けば聞くほど、そのひどい実態に驚愕《きょうがく》しました。「卒業アルバムの写真の並べ方に不服がある」などというのは序の口です。「自分の娘がなぜテニス部のレギュラーになれないのか」と乗り込んできた父親もいるそうです。聞いてみると、その父親とは大学の教授だというのですから、呆れてしまいます。

教授だけに論理的に、「誰が、どういう基準でレギュラーを選ぶのか」としつこく詰問して、対応した校長もすっかり困ってしまったそうです。「うちは監督に全部任せています」と答えると、「監督を辞めさせろ」「訴訟するぞ」という騒ぎに発展したそうですが、「それでは学校を辞めてください」と毅然とした態度で臨んだところ事なきを得たとのことです。

子どもの部活に親が口を出す時代になってしまったのです。モンスターペアレンツは相当エスカレートしているように見受けられます。

社会の変化に応じた対策を

どうすればそうしたモンスターペアレンツ問題を解決できるのか。結論はその場では出ませんでしたが、学校側の自主防衛策はたいへん興味深く伺いました。

まず、そういう親は、必ず「校長に会わせろ」と言ってくるのですが、第一段階では決して校長にダイレクトに会わせないのだそうです。まず担任に頑張らせ、次に教頭に頑張らせる。そして最後に校長が出ていく。そこでずばり親に向かって「ウチの学校をやめなさい」「ウチはそういう生徒はいりませんから、好きなところへ行ってください」と言い放つ。親はびっくりして、そのショックで初めて自分の言動が行きすぎていたことを理解するのです。

いきなり校長とやり合えば、「訴訟だ」と怒るでしょうが、三段構えで取り組むと、校長の一喝で事が収まることがほとんどだといいます。

もう一つの手段は、「学校に来るときはご夫婦でいらしてください」と伝えること。モンスターは、父母のどちらか片方の場合がほとんどです。両方ともモンスターというのは確率的に少ない。そして両方ともモンスターの場合には、速やかに学校をやめてもらうのが一番です。夫婦で来れば、たいていどちらかに自制が利きます。

ある校長先生は、父権が弱くなっているのが原因ではないかとぼやいてらっしゃいました。

少子化問題を検討するに当たって、時代の変化、家族構成や価値観の変化に応じながら、医療・教育現場の声を取り入れ、総合的な対策を講じることが必須なのです。

9 ――根本 少子化対策は

雇用、医療改革と同時に

単に子どもの数を増やすことを目的にしない

わが国で少子化を加速させる要因になっているのが、老後の不安に加えて教育費や子育て負担への不安感です。私は教育を社会インフラと位置づけ、幼児教育から大学まで授業料等の大幅な免除を検討するなど、多角的に対策を講じる必要性を感じています。

今、少子化対策というと、すぐに給付金をいくらにするとか、手当をどうする、といったお金の議論に終始します。国民の生活が豊かになるためには、経済成長は必要ですが、経済成長を支えるために子どもの数を増やす、そのために「〇〇促進法」をつくるという考え方は、まるで工業製品を大量生産するかのようです。無機質に「子どもを産め」と命じられている感覚があって、どこか馴染《なじ》めません。

少子化問題を語る際に、子どもの数を増やすことを目的にすると、途端に「心」の入らない議論になってしまうと感じます。

子どもは宝、だからどうしたらみんなで子どもを産みやすい育てやすい社会をつくっていけるのか。そこを出発点にすべきではないでしょうか。心の問題、愛情や家族という視点から捉えるべきで、そうした幅の広い、何か気持ちのこもった議論をする必要があると思います。

そのうえで、なぜ子どもが減っているのか、原因を分析し、それに対して的確な政策を打つことが大事です。

雇用問題の解決なくして少子化問題の解決はない

私が厚生労働省の政務次官だった頃は、少子化イコール晩婚化ではないかと考えていました。つまり晩婚化が進むということは、これまで遅くとも三〇歳になるまでに結婚をしていた男女が、三五歳になるまで結婚しないのが一般的になった、ということ。結婚する年齢が五年ずれたのだから、出産時期も五年ずれる。したがって五年経《た》てば合計特殊出生率も上がると考えていたのです。

ところが、実際のところそう簡単にはいきませんでした。

結婚しない人はいつまで経ってもやはり結婚しません。

年頃の男性と女性が出会う機会が減っているのが一因なのでしょう。昔は必ず近所に一人や二人はいた世話好きなおばさんが減ってきています。出会いの場を提供する結婚相談ビジネスが大盛況なのも、そうした背景があるからでしょう。

また、少子化を促進する要因の一つに雇用問題があります。

私の選挙区の工場地域でよく聞くのが、「うちの息子は非正規社員だから食っていけない。だから結婚できない」というぼやきです。

派遣社員ら非正規社員どうしの結婚は経済的に不安定です。したがって結婚できない、子どもを産めない、という現象が出てきています。

労働者派遣法の度重なる改正で、製造業への人材派遣が可能となりました。それは一面で必要な措置でしたが、同時に均等待遇制度を早急に整備する必要があります。

派遣切りに遭う人の中に雇用保険に入っていない人がいるのは最近よく報じられていることです。非正規社員の待遇をなるべく早く正規社員並みに引き上げなくてはなりません。今回の経済対策で独身者には月一〇万円、世帯主には月一二万円の生活費の補助を行うことにしました。そして、職業訓練などでスキルアップを図れるよう予算措置を講じました。

一方で農業などの職業訓練制度を充実させることも一案です。失業したときに、次のステップに進めるよう安全網を用意しておく。そうした一連の雇用法体系の見直しに早急にとりかかるべきです。

とりわけ、経済不況のあおりを被った、現在二〇代後半から三〇代後半の、就職氷河期世代のケアに重点的に取り組むべきです。

診療報酬とリンクして検討すべきだ

少子化対策としてもう一つ肝となるのが母親の心の問題です。

昔は多世代同居の家が多く、おじいちゃん、おばあちゃんがいて面倒を見てくれた。今は育児で孤立する母親が、特に都市部で多く見受けられます。その心理面でのケアの必要性が昔より顕著に現れています。

何もアメリカみたいに精神科の病院を流行《はや》らせる必要はないでしょうが、しかしカウンセリングはより広く行われてもいい状況が生じています。

残念ながら若くして亡くなられましたが、小児科の飯倉洋治先生（昭和大学医学部小児科教授）にたいへんお世話になりました。アトピーなど小児アレルギーの権威で、「アトピーの子どもには、心理的なカウンセリングが大事です」とおっしゃっていました。

いわゆる〝三分診療〟なんかではありません。時間をかけてじっくり話を聞いてくれる、とてもいい先生でした。普段、誰も悩みなど聞いてくれないお母さんにとって、先生は偉大な存在でした。

母親と子どもの両方のカウンセリングを行っていた先生は、子どもには優しく、しかし母親にはたいへん厳しく接していました。先生に診てもらってアレルギーが治った子どもは相当多いと思います。

一方で先生は、医療現場の改善にも大きな情熱を抱いていました。

「大学病院などの小児科医は皆、激務でヘトヘト。過労死する医師もいる。これでは小児科医のなり手がいなくなります。何とかしてください」と先生から頼まれ、私は次第に小児医療現場の実態を知るようになりました。

一番の問題は、小児医療は大人以上に手間暇がかかることでした。看護師も必要です。しかしそれをカバーする公の制度がないため、現場はとても困っていました。

十分な報酬が得られないために、処方する薬を増やすことで診療報酬を上げる小児科医さえいました。本来必要のない薬を処方される子どもの立場になってみると、何ともひどい話です。しかしそれだけ医療側が切羽詰まっていたともいえます。また、採算が合わずに小児病棟が閉鎖される、それによって残った小児科医がさらに忙しくなるという悪循環も起きていました。

私はこうした現場の声を受けて、診療報酬の見直しに取り組みました。医師がいるだけでは報酬はつきませんが、小児医療の体制を手厚くする医療機関には、診療報酬を加算する、という見直しを行いました。

また最近の傾向として、発達障害児、特に自閉症の子どもが増えています。こうした子どもたちには、グループ療育、個別養育やカウンセリングが必要ですが、この点についての体制を充実させることも大切です。

こんなふうに、少子化対策は多角的にアプローチしなければ、根本的な解決につながりません。小児科医不足は未だに問題として残っていますし、産婦人科医のなり手がいないという話もよく耳にします。

政治が手をつけるべき課題は沢山あります。

10——(石原)保守の政治復権

政治に対する国民の信頼を取り戻すために

若者が夢を語らなくなった。そういわれて久しいです。もう政治には期待しないで、自分の力で将来を切り拓いていくしかない。若者たちのそんな一言は、政治に身を置く者の一人として、とても耳が痛いです。しかし、それでも積極的なだけまだましで、どんなに努力したって所詮《しょせん》、先は見えている。それなら、努力なんて言わないで、ほどほどに、楽に暮らしていこう。そんなことを言われると、現在の日本の社会をつくってきた一人として、申し訳ないという気持ちを通り越して、悲しくさえなります。

若者だけではない。行き場のない閉塞感が社会を覆っている。昔はよかった、生活は苦しくともあの頃は夢があった、というつぶやきを聞くと、政治の責任を実感します。日本全体が坂の上の雲を目指していた頃、戦後の焼け跡から、世界に類のない高度成長を続けていた頃、私たちは容易に夢を持つことができました。

確かにその頃と時代は違いますが、それでも将来に希望を持つことが、今の日本人にできないはずはありません。そのために、政治がなすべき役割がある。その第一歩はまず、政治に対する国民の信頼を取り戻すことです。

言い古されたことではありますが、信頼を回復する近道は存在しません。まずは、一つずつ目に見える目標を決めて、それに向かって努力し、目標を達成し、実績を積み上げていかなくてはならない。私は常にそう思っています。

それを実感したのは、私が当選まだ間もない頃。きっかけを与えてくれたのは加藤紘一さん(自民党元幹事長)でした。加藤さんはまた、私と根本さんを深くつなげてくれた人物でもあります。

加藤紘一さんを中心に立ち上げ

一九九三年の総選挙で根本さんが初当選したとき、当時自民党の政調会長だった加藤さんが、「君たち、君たち」と私たち二人を呼びました。そして、若手政治家としてあれもやりたい、これもやりたいと意気込んでいた私たちを、「当選一回、二回じゃ何もできないよ。私もその頃は何もできなかった」「一人で役人とやり合ったって、『できません』と言われて、何もやってもらえないよ」と手厳しく諭しました。

その後、「ただし、役人だって国会議員が四人いたら、それは無下にはできないよ」と続けました。「扱うテーマも、社会保障のあるべき姿、みたいな大きいことではなくて、外交問題のような壮大な話でもなくて、身近で、生活に密着したニッチなところを探せ」とも。

要するに政策立案はそんなに簡単なものではない。一人でやっても限界がある。いきなり大きな問題を設定しても実現できるものではない。それよりも、より実現しやすいテーマ設定を数人で徹底的に議論することで、一つでも二つでも具体的な成果を出してみなさい。国が良くなることを喜ぶ人が、必ずいる――そのようなアドバイスと受け止めました。

自民党は野党に転落したばかり。政界再編の渦の中で永田町が大きく揺れていた頃です。猫も杓子《しゃくし》も政治改革で、とりあえず「改革」を掲げていれば何でもあり。与野党で激しい権力闘争が続いていました。そんな時に「政策だ」「政治家は自分の頭で考えることだ」などとアドバイスしてくれる先輩政治家は誰もいませんでした。加藤さんは何とも面白いことを言う人だ、と思いました。

加藤さんのもう一つの口癖は、「何をやるにしても、肌合いを大事にしろ」ということでした。最初はそれがどういう意味なのかわからず、「何ですか、一体、その肌合いというのは」と聞き返したほどでしたが、今考えると、なんとなく自然に会話ができる人間、という意味だったように思います。

言われたとおりに、根本さんと二人で互いに気の合うメンバーを三、四人ずつピックアップして、「こんな感じでどうですか」と見せたら、加藤さんは「うん、いいんじゃないの」と答えてくれました。

そこで、「せっかくだから、当選一回当時の話をしてください」と、加藤さんをお招きして、鮨屋《すしや》の二階に集まり第一回目の会合を開きました。行動する集団＝アクショングループという政策集団をつくり、二週間に一度のペースで会合を開き、それぞれのテーマを持ち寄り、議論を重ねました。

関連省庁の役人を呼ぶのが毎回の決まりごとでした。役人が「できない」と言うと、僕らが横から「いや、ではこれではどうか」と知恵を絞り、論破していきます。

誰も、いわゆる大物の政治家ではありませんでしたが、意欲のある若手が七人も集まると、相当なパワーになります。初めは嘗《な》めてかかってきた官僚も、すぐに「手ごわそうだ」と一目置くようになりました。

地味でも具体的な政策提言を

まずは加藤さんの言葉どおり、身近なテーマから始めました。例えば、岸田文雄さん（衆院議員、経済産業委員会理事）が小学生の転編入の問題を持ってきた。英語の授業を受けてきた子どもを、英語の授業がある別の小学校に転編入させたい。従来では学区などの関係で学校を選べなかったところを、自由に転編入できるよう働きかけ、省令変更を取りつけました。

安倍晋三さんのふぐ漁船の話も印象に残っています。安倍さんの地元、下関市ではふぐ漁が盛んです。当時船の定期点検が三カ月に一度と、かなりの頻度で義務づけられていました。しかし現場の人の声を聞いてみると、それほどの点検をする必要はない。そこで、点検の回数を減らせないか、という提案を持ち込みました。

もともと大日本水産会という団体が安倍さんに陳情した話だったのですが、他のメンバーは誰もその団体を知りません。当初は新手《あらて》の右翼団体か何かではないかとわれわれ一同勘違いしていました。

「アクショングループ」は政策の勉強グループにとどまることなく、同じメンバーがそのまま「グループ新風」という集団に生まれ変わりました。後に「グループ新風」を母体にして、当時全盛を誇った経世会に対抗する山崎拓さん（自民党元副総裁）、加藤さん、小泉さん（純一郎元首相）を中心とした「グループ新世紀」をつくりました。

「グループ新世紀」の会長は加藤さんで、幹事長が山崎拓さんです。二人とも光っていました。小泉純一郎さんは三男坊といった趣でした。

「新世紀」という名前を決めたのは、東京・港区のホテルの一室に集まったときでした。

「フロンティアはどうでしょう？」と言うと、小泉さんが「横文字は駄目だ」と言う。

「では〝新世紀〟とか、〝未来〟はどうでしょう？」と提案したら、「福岡に『新世紀』という名前のキャバレーがあるなあ」と山崎さんは言っていましたが、結局、「グループ新世紀」と決まりました。

そんな感じで、YKKとわれわれは腐れ縁といっていいくらい付き合いました。YK

Kに対して、私たち一回生・二回生議員が遠慮なく意見を言う。民主的で、奔放で気ままな集まりでした。

絆を、保守の政治を取り戻す

アクショングループでの経験は、私に、政治家にとっては、高い志を持つことともに、国民の目に見える目標、身近な問題を探し、それに取り組み、解決することがいかに大切かを教えてくれました。

政治の道に入って既に二〇年。私もその頃とは違うステージに差し掛かりつつありますが、基本は同じです。そして、現在の政治に対する不安を解消すること、日本を取り巻いている暗雲を取り除き、明日への希望を取り戻す道も、実は同じところにあると私は思います。

まずは具体的な目標を定め、目標を達成するために努力し、その実績を一つずつ積み上げていく。その過程においては、国民にとって得になることも、損になることも包み隠さず説明し、共に選択する。それなくして、明日の一歩は見えてはきません。

そのための具体策として、今回は環境の問題、農林業の問題、そして少子高齢化問題を取り上げました。この三つの問題を解決していくことが日本の将来にとって不可欠であると同時に、これらが、現在の世界的な危機が去った後に、日本を再び蘇らせる鍵になると思うからです。

やまない雨はない。終わりのないトンネルもない。どんなに危機が深刻であったとしても、必ず、危機が去るときがやってきます。その時を一日も早く迎えるために、そして何より、この危機の最中にこそ、次なる跳躍に向けて、われわれは準備を始めていかなくてはならない。

そのための第一歩が、これらの課題に取り組むことだと思います。

そしてもう一つ、私は保守の政治家です。保守とは伝統を重んじ、先人たちを敬い、守るべきもの「日本の心」を、しっかり守っていくことです。郷土や絆を大切にすることです。そして一番身近な親に感謝することです。何ごとも親から子へ、子から孫へと受け継がれるのが、これまでの日本の社会でした。ところが今はそれが崩れかけています。

東京都で先日調査をしたところ、自分の家の菩提寺《ぼだいじ》を知らない人が六割もいました。本当は日本の社会というのは、そうした郷土に根ざし、先祖に感謝する心から成り立っていたはずです。

最近、私も五〇を過ぎ、年をとったからか、父が昔言っていたようなことが、皮膚感覚でわかってきました。そして、やはり、今のままでは日本はまずい。そう思うようになりました。

この激変の時代に、ただのバラまき政策では、日本の未来はありません。今、民主党がやろうとしているのは、九〇年代までの自民党政治の焼き直しです。これでは日本の疲弊の根本的な解決策にはなりえません。

日本がこの困難な時代に打ち克《か》つためには、日本人の心に根ざした保守の政治が必要です。そのような政党として、私は自民党を再生したい。再生しなくてはならない。そして日本を支えるであろう柱になる分野を、今育てなくてはならない。そのためにやるべきことを、勇気を持って怖れず取り組んでいきたいと思います。

11

根本　共生、助け合い　支え合いの日本

脳死は人の死か

日本という国は約二〇〇〇年の歴史の中で、世界でも例のない独特の文明圏、文化圏を形づくっています。故サミュエル・ハンチントン米ハーバード大教授著『文明の衝突』（集英社）でも、世界の八つの文明圏の中で唯一、一国で一つの文明圏を担うとされています。

その日本の原点は死生観に色濃く反映されるのではないかと思います。

私は、先頃国会で可決された臓器移植法案を手がけましたが、脳死が人の死なのかどうかが問われるこの法案をめぐって、たいへん考えさせられました。

医学的には脳死状態は死です。しかし、心臓は動いている。これを人の死だといえるか、いえないかというところで意見が分かれます。

脳死が死だという社会的な合意ができれば、家族の承諾だけで臓器摘出ができることになります。事前に臓器提供を拒否している人は別として、意思が不明であっても臓器摘出が可能になります。実際、日本以外の多くの先進諸国では脳死イコール死と捉えていて、臓器提供がスムースに行われています。

しかし、私にはどうしても違和感が残りました。この違和感は何か。その原因を探るなかで、死に対する考え方が西欧と日本とではまったく異なるというところに思いが至ったのです。

脳死移植を考えるなかで、欧米と日本で脳死と臓器移植について、どうしてこれだけ考え方に開きがあるのだろうか。何がグローバルスタンダードだろうか。そこには日本の文化的特質があるのではないか。私は疑問に思いました。

ある時、私と同様この法案に携わった中山太郎代議士が、「脳死は人の死」という考えこそキリスト教の愛の精神だと言われました。キリスト教では、人間の体は神の神殿、つまり神の物だという考え方があり、命が汚れるよりは体の一部や手足を失ったほうがましだという教えがあるのです。しかも、肉体は滅びても魂は永遠だというのです。つまり、心と体の二元論です。

ですから欧米では、死が訪れると死体は公のもの、となるのだそうです。そして死んだあとも奉仕することが喜びであり、役に立つことは正しい道だという考え方が背景にあるのです。だから、欧米では脳死は人の死で、生前に拒否の意志を示していない限り、臓器がスムーズに提供されるのです。

ひるがえって日本の場合は、脳死状態になっても心臓は動いている。どうしても死んでいるとは思えない。割り切れない。これが、日本人の死生観ではないかと思います。つまり、日本の仏教では心臓が止まったときがようやく人の死なのです。

しかも、これを裏づけるかのように、最近の研究では喉《のど》が渇くという兆候は、まず心臓から脳にサインが送られることがわかってきました。心臓は脳にサインを送ることのできる、いわば考える臓器だというのです。そのうえ、日本には五体満足であるとか、親からもらった体とか、日本固有の考え方が根強くあるわけです。だから、脳死は人の死と簡単に割り切れないし、脳死になりましたから、ハイ、臓器を差し上げましょう、ということにはならないのだと思います。臓器移植に関する議論を見つめるなかで、私はこうした問題について政治家はもっと深く静かに考えるべきだと思いました。

ともあれ、こういう考え方の違いが存在している以上、脳死状態の患者の体から臓器を摘出するか否か、意見が分かれるのも当然です。脳死状態になったら死であると受容できる人は臓器を提供しますが、実際にそれを受容できない人もいるわけです。それを「脳死は死」であると法で規定して、異なる価値観を押し付けることができるのか。法案は通過したものの、この議論は様々な論点を孕《はら》んでいるといえます。

優れた感性と繊細さ

脳科学者の茂木健一郎さんが〇八年末に出された『クオリア立国論』(ウエッジ)を興味深く読みました。クオリアとは、言ってみれば〝感じ〟みたいなもので、脳科学の分野でいう、人間が心の中で感じる様々な質感のことだそうです。

日本には様々な魅力あるクオリアが存在していて、それを世界に広めていこう、というのが茂木さんの主張でした。

日本人は感性が非常に優れている、という意味ではないかと私は解釈しました。そして、なるほどそこだ、とピンとくるものがありました。

感性とか繊細さが、これからの日本の可能性ではないでしょうか。

例えば、私は日本の農作物は世界一のブランドだと思っています。安全に関して神経を尖《とが》らせ、高品質を可能にしているのが、日本人のこうした感性です。もの作りの現場においても、ファッションの世界においても、日本人のデザイン力には付加価値があります。

加えて真面目さ・勤勉さ。丁寧に仕上げ、クオリティを落とさない。だから同じものを作っても、「メイド・イン・ジャパンは、他とは違う」と高く評価されるわけです。

さらなる強みが協調性です。共同で作業を滞りなく進めていくことのできるメンタリティ。自衛隊が海外に派遣されると、いつも現地で非常に高く評価されます。

助け合い支え合いの精神

多元的価値観を有する日本人は、キリスト教・ユダヤ教・イスラム教といった一神教とは異なる、「八百万の神」という観念を持っています。他の宗教を受け入れる素地ともなった、柔軟な価値観です。

黒と白の間にある価値を認めることのできる文化であり、現在世界から高い評価を受けているポップカルチャー、ジャパン・クール、日本食といった日本文化は、少数派を切り捨てることなく、社会に取り込み、共に歩んできた結果生まれたものです。仏教・儒教も日本流にアレンジして取り込みました。

急速に西洋化を進めた明治維新もそうでした。また、〝マネシタ電器〟と呼ばれた松下電器産業（現・パナソニック）などに代表される高度成長のメカニズムも同様です。

森と田園の二〇〇〇年の歴史に育まれ、受け継がれた「自然は克服するのではなく、共に生きるもの」という価値観が、世界一の技術を生み出しています。

つまり、助け合い支え合いという思いやりの気持ち、共生思想に立ち返り、日本再生を図っていくべきだと思います。

さらなるオープンスカイを目指せ

共生という言葉から日本が想起しなければならないのは、北朝鮮を含むアジアとの関係です。私は安倍政権下の総理補佐官時代に、アジア・ゲートウェイ構想をとりまとめました。

アジア・ゲートウェイ構想とは、そもそも安倍総理の所信表明演説で打ち出されたものです。この時、安倍総理は次のように述べました。

「アジアなど海外の成長や活力を日本に取り込むため、お互いに国を開く経済連携協定への取り組みを強化するとともに、WTO（世界貿易機関）ドーハ・ラウンド交渉の再開に尽力します。地方の活性化にも資する海外からの投資を二〇一〇年にGDP比で倍増する計画の早期達成を目指します。アニメや音楽などのコンテンツ、食文化や伝統文化などについて、国際競争力や世界への情報発信力を強化する『日本文化産業戦略』を策定します。今後五年以内に、主要な国際会議の開催件数を五割以上伸ばし、アジアにおける最大の開催国を目指します。

その他、使い勝手も含めた日本の国際空港などの機能強化も早急に進め、ヒト・モノ・カネ・文化・情報の流れにおいて、日本がアジアと世界の架け橋となる『アジア・ゲートウェイ構想』を推進します」

総理の言及はこれだけでした。文章にすれば一〇行にも満たないものです。

当初、安倍総理が描いていたシナリオはこういうものでした。

『アジア・ゲートウェイ構想の実現に向けた具体的な戦略を二〇〇七年夏の参院選で、

これまでの内閣の実績の一つとして最大限にアピールし、また文字どおり日本全体をアジアのゲートウェイ（玄関）として位置づける。そのためには空港をフルに活用するために現状を打破する』

しかし、この構想には、航空行政を担当する国交省、特に航空局が強い抵抗を示していました。

ここで改めて説明します。

ゲートウェイとは、空港など「玄関口」を意味する言葉で、日本にアジア地域などの情報や文化、資金、人材を集めて、経済競争力を強化しようというものです。さらに、日本の文化や流行などを幅広く世界に発信することを目指します。これらを進めるうえで、人の流れを自由にすることが不可欠であり、その大きな柱は、「オープンスカイ」(航空自由化）政策の実現にありました。

オープンスカイ政策とは、航空路線への参入や企業数、便数などを自由化することをいいます。諸外国に目を転じれば、すでにアメリカと欧州連合（EU）は経済や人の交流をより活発化させるために、航空の制限をなくすオープンスカイ協定を締結するなど、

「空の自由化」を進めていました。アジアでは、中国の急速な経済発展と連動して上海などの主要都市、シンガポールなど周辺国で空港の大規模な拡張や整備が進んでいます。

羽田空港を国内線専用にしたままでは、アジアとアメリカやヨーロッパとの交流をさらに活発にするうえでの拠点（ハブ）空港をめぐる熾烈《しれつ》な争いに敗れかねないという危機感が、経済界を中心に高まっていたのです。

例えば、関西の旅行者が欧米に旅立つ場合は成田空港か仁川空港経由、あるいは他国の航空会社を利用しなければなりません。これは日本航空の路線維持を重視した結果なのですが、関西国際空港の欧米路線はロンドン線のみという事態を招いたのです。

こうした状況は海外からみれば、もはや異常でさえありました。日本の鎖国は今もまだ続いている！　というのです。

地方空港への外国航空会社乗り入れも実現

一方で、国土交通省がこれまでかたくなに開港を拒否してきたことにも理由がありまず。成田空港を国際線、羽田空港を国内線の基幹空港とする政策には内際分離政策という歴史的な経緯がありました。羽田の二四時間化や成田空港の航空自由化についても「すでに発着枠が満杯の中で自由化しても、各国から反発を招くだけだ」と信じていたのです。

さらに、日本では羽田、成田空港に対して厳しい管理の下に航空路線を調整してきましたが、例えば中国などのように、今後、日本から新たな路線を開く必要がある国との交渉カードを温存するため、関西国際空港や中部国際空港などの発着枠も政府の管理下に置こうとしてきたのです。

しかし前述のように、今や世界の空はオープンスカイによって様変わりしています。空港に空きがある限りは、航空機を自由に飛ばしてよいという自由化が進んでおり、米国とEUがこのオープンスカイに合意したため、世界の空の大半が自由化されているのです。それだけではありません。目をアジアに転ずれば、ASEAN（東南アジア諸国連合）も二〇一〇年までに航空規制を段階的に撤廃することに合意しており、このままいけば世界の趨勢《すうせい》から取り残されるのは日本と中国だけという、まさにお寒い現状だったのです。

これを、どう突破し、風穴を開けるか。私はそのことに腐心し、国交省と夜を徹して交渉を続けました。その甲斐《かい》あって、アジア・ゲートウェイ構想をスタートさせることができました。

その結果、二〇〇七年九月二九日から、羽田―上海虹橋チャーター便が就航し、羽田―北京首都空港チャーター便も今年の一〇月に就航。また、特定時間帯を利用した国際チャーター便（羽田の二四時間化）や羽田の昼間の時間帯の発着枠の拡大など、アジアを中心とした世界各国との航空自由化、すなわちオープンスカイを実現させることができたのです。

加えて、地方空港への外国航空会社の乗り入れも可能になり、今では地方二三空港で、週四〇九便の定期国際旅客便が就航しています。まさに日本はオープンスカイ国家に変貌したのです。

外に開かれた国に

日本は世界の成長センター、アジアの一角にあります。最も成長潜在力を秘める中国の隣に位置し、四方を「天然の要害」である海に囲まれた海洋国家です。周囲の大陸棚には豊富な資源が眠っていますし、環太平洋諸国との連携も容易なポジションにあります。

無論、今後中国や韓国などといった近隣諸国とのさらなる信頼関係は欠かせません。加えてニュージーランド、オーストラリア、インドまで範囲を拡大して、アジアにおける日本の在るべき姿を今後も追求すべきです。

ブラジルのB、ロシアのR、インドのI、中国のCの頭文字を合わせた四カ国、BRICsは、最近めきめきと力をつけ、成長してきた国の総称です。ここに約三〇億人が暮らしています。それらの国が急激に工業化することで、人口は急増し、資源や食糧が大量に消費されます。

地球は先進国主導の安定した経済発展から、資源の大量消費と、資源価格の高騰という新たなステージに入ったのです。今は経済危機で資源や食糧価格の高騰は一服していますが、必ずその需給が逼迫し、価格が上昇するときがやってきます。これは、日本経済にとっての大きな危機ではありますが、同時に日本の農産品の価格競争力や技術力を外で活用するチャンスとも捉えられます。

アジアの国々には、近来の急激な経済発展によって、新たな富裕層や、中間層が出現しています。彼らは日本の文化・サービスに興味を持ち、同時に高い付加価値を持った「メイド・イン・ジャパン」を欲しています。

私は、安倍政権の総理補佐官時代にメディア芸術に力を入れ、アニメなどのコンテンツが輸出産業になると確信した一人ですが、その取り組みをアジア・ゲートウェイ構想の中に盛り込みました。また、ファッションや衣料の分野でも日本で活躍する豊かな感性をもっと外に出すべきです。ユニクロはその先駆け的存在といえますが、それに続くように、これまで国内だけを睨んでいた内需型産業が、逆に外へ打って出る機会が増えつつあります。「メイド・イン・ジャパン拡大戦略」に、今後ますます力を入れていきます。

人口が減少する社会を嘆くより、アジアの中に日本を位置づければいい。私が総理補佐官時代に訪問した成長著しいＢＲＩＣｓの一角、インドではデリー・メトロ（地下鉄）が縦横に走っており、まさに繁栄の象徴ですが、なんとこれを施工したのは日本人だったのです。インドの人々は、日本人の工期厳守の精神や勤勉さに驚いたといいます。

私は、改めて日本人の長所をインドの人々から教えられた気がしたものです。こうした事実を踏まえれば、むしろ内需・外需などと切り分けるよりも、国内しか知らない企業に海外販路開拓支援を行い、地方の中小企業に海外進出のサポートをするなど、目を転じれば、やるべきことはたくさんあるのです。

「第三の開国」とはよくいわれますが、ここ二年間のねじれ国会のお陰で、日本はどうも内向きの議論ばかりしてきました。日本が外に向けてより開かれた国に成長すれば、大きな可能性が生まれます。

日本外交にアジア戦略を位置づけよ

私はアジア・ゲートウェイ構想に基づいたうえで、さらなるオープンスカイを目指すべきだと考えます。それによって利用者が利便性を感じ、海外との交流をいっそう身近なものにしてもらうこと。これこそ、日本がアジア各国と共生していく必要条件だと考えます。

そして大事なことは、アジア・ゲートウェイ構想を文字どおり、東アジア自由貿易圏構想へと発展させることです。そうすることによってアジア域内のダイナミズムを日本に取り込むことができ、逆に日本は環境技術、防災技術、農業技術の輸出国としてアジアに貢献できるようになるはずです。アジアだけではありません。日本とロシアの間で、将来的にはビジネス上の自由貿易圏が検討されてくるでしょう。その時にオープンスカイ政策が物を言うのです。

またCO_2の排出規制取引でも、これを単純に投資材料にしたり、投資商品にするのではなく、実質的にCO_2を減少させるためのノウハウを広くアジアで共有するための連合にしてみてはどうでしょうか。さらに太陽光発電や太陽電池の生産などを世界ナンバーワンにし、次世代産業に向けた国創りと雇用を創出させるのです。

また、エコロジー運動と並行しながら、地球工学に基づいた気候変動対策機関を日本が創設するなど、日本がやらなければならないこと、やれることがいくつもあるはずです。つまりアジアに貢献する日本を全面的に打ち出していくのです。

ともすれば、こういうことを日本が主張すると、すぐに大東亜共栄圏ではないかという指摘がなされますが、それは違うと思います。この考えの背景にあるのは地球環境問題をアジア全域で解決する努力そのものであり、これが達成されるなら、やがて地球レベルの環境問題の解決が実現するはずです。

日本主導でアジアの教育ネットワークを充実させよ

資源のない日本は、人材立国を目指すべきです。知識の教育も大事ですが、日本人としての心の美徳を学ぶ教育も重要だと思います。なぜなら、私がこれまでお会いした国際人と呼ばれる方々は、必ずといっていいほど、自国の歴史や文化に精通していました。逆にいえば、自国の伝統文化を身につけていない人は、国際人たりえないといっても過言ではありません。

そういう意味で私は、教育の原点回帰、あるいは教育革新ということを提言したいのです。

十数年前の教育にはITという概念はありませんでしたが、今は、IT教育は当たり前になり、読み書きパソコンの時代になっています。と同時に、子どもたちの中に、ネットいじめなどの副作用が起きてきたのもまた事実です。そういう意味では、教育もきめ細かく対応しなければならないのではないでしょうか。

つまり、子どもたちに必要な教育の幅が広がっており、例えば生活習慣病の蔓延を防ぐための予防医学、介護などの、これまで網羅できなかった分野や、前述のネットいじめに代表される子どもの心の問題などへの対応も求められています。

そこでこうした課題に対応した授業を積極的に組み込んでいきたいと思います。と同時に、子どもの能力を伸ばす一方で、これまで家庭で対応してきたストレス社会に対するケアなどの時間や施設を充実させていくのです。つまり教育ルネッサンスです。

というのも、日本の教育は明治以来、長らく欧米志向でした。言い換えれば、欧米偏重でした。地政学的にも、日本は今後、視線をアジアに向けることがまず重要です。そのことは先にも述べたとおりです。

アジア教育ネットワークの構築

では、具体的にはどうすればよいのでしょうか。その具体策の一つとして、私はアジア人として教育ネットの構築を提言したいのです。

もちろん、アジア各国からの留学生の受け入れや交流促進は当然ですが、一口にアジアといっても多様な国々が存在します。

EUにおいては、域内の人材交流・協力、共同教育プログラムを積み重ねて大学間のネットワークを構築し、EU加盟国間の学生の流動性を高めるエラスムス計画が二〇年以上にわたって実行され、大きな成果を上げています。

これに倣えば、日本が主導してアジアの教育ネットワークを充実させ、アジア全体として人的資源を育成し、国際社会におけるアジアの立場を向上させることや、アジア交流プログラムへの参加体験をもとに、アジア人という意識を育てることも検討されてしかるべきでしょう。

もちろん、そのためには、第二次世界大戦の悲惨な体験を共に振り返り、共に乗り越えなければなりません。近い将来、われわれは冷静な歴史観を持って、あの戦争を振り返り、戦争の起こるメカニズムを分析し、後世に伝えていかなければならないと思います。

そのうえで、先にも述べたようにEUが試みている形での自由貿易圏、あるいは人材交流圏として、アジア環境経済連合圏を打ち立てるべきだと思います。

というのも、英語圏に留学した学生が、ツールとしての英語を学ぶことに終始する傾向があるのに対し、非英語圏で学んだ学生は、その国の伝統や文化に接して帰国する傾向にあります。これをみても、アジア教育ネットワークの構築は有益だと考えています。

国際人の養成というと、すぐに英語教育とか、インターネットを通じたコミュニケーションといった面が強調されがちですが、それだけではただの根無し草のような人材を育てることにしかなりません。

大事なことは、日本人が危機管理のできる知恵のある民族として世界の発展に貢献することです。

戦後の日本の教育は、社会への責任と自覚を持ち、社会に奉仕し、国を良くするための努力を自分の糧とする――そんな人材を、残念ながら育てることができなかったといえるでしょう。急速な西洋化の陰で、日本の伝統的な価値観は軽んじられてきました。

優秀な人材も、優良な企業も、放っておくとより快適な環境を求めて国境を越え、国外に流出します。人材や企業に日本に留まりたいと思ってもらうような国にするために、政治ができることはあるはずです。

日本の心をもう一度取り戻し、日本人のアイデンティティを確立すること。

これが重要です。

そうして初めて、幕末に欧米人がびっくりしたようなスケール感のある日本人が養成され、欧米に伍してアジアを発展させる原動力となる国家たりうるのです。

主な参考文献

『風穴を開ける——総理補佐官・根本匠の挑戦』根本匠、中見利男・二〇〇九年・中央公論事業出版／『政治家根本匠の生き方』根本匠、平田淳裕・一九九九年・テラ・コーポレーション／『遠き島かげ——根本正良の生涯と作品集——』／『首相補佐官——国家プロジェクトに賭けた男たち』中見利男・二〇〇三年・NHK出版／『日本の空を問う——なぜ世界から取り残されるのか』伊藤元重、下井直毅・二〇〇七年・日本経済新聞出版社／『リーディングス格差を考える』伊藤元重（編）・二〇〇八年・日本経済新聞出版社／『危機を超えて——すべてがわかる「世界大不況」講義』伊藤元重・二〇〇九年・講談社／『岡本行夫　現場主義を貫いた外交官　90年代の証言』五百旗頭真、伊藤元重、薬師寺克行・二〇〇八年・朝日新聞出版社／『雪梁舎設立十五周年記念　宮田亮平・琴　親子展　海と森のやすらぎ……』財団法人美術育成財団・雪梁舎／『分断される経済——バブルと不況が共存する時代』松原隆一郎・二〇〇五年・NHK出版／『経済　Trend』二〇〇七年九月号／『貿易と関税』二〇〇七年八月号／『インスティテューショナル・インベスター』二〇〇七年四月号／プレスリリース「わが国の都市鉱山は世界有数の資源国に匹敵」二〇〇八年一月・独立行政法人物質・材料研究機構／朝日新聞、読売新聞、毎日新聞、日経新聞他各紙／http://www.t-nemoto.com／http://www.kantei.go.jp/jp/singi/asia/index.html

本書の執筆にあたり、京極高宣先生、松原隆一郎先生、
宮台真司先生、吉川洋先生をはじめ、多くの方に貴重な
アドバイスを頂戴いたしました。この場をお借りして、
心より御礼申し上げます。
本当にありがとうございました。

著者略歴

石原伸晃《いしはらのぶてる》

一九五七年神奈川県生まれ。慶大卒業後、日本テレビ政治部記者として大蔵省・外務省・首相官邸等を担当。九〇年衆議院議員に初当選。九八年の金融国会では、金融安定化に関する特別委員会理事として金融危機を沈静させ、政策新人類と呼ばれる。二〇〇一年小泉内閣の行政改革・規制改革担当大臣として初入閣。国土交通大臣、初代・観光担当大臣、自民党政調会長を経て〇八年、史上最年少で自民党総裁選に立候補。現在、自民党幹事長代理。

根本匠《ねもとたくみ》

一九五一年福島県生まれ。東大卒業後、建設省入省。九三年衆議院議員初当選。厚生政務次官として年金制度や医療制度の見直し、介護保険の導入などに取り組む。議員立法の根本匠、政策新人類との呼び名を得、Financial Times など海外メディアでも話題に。小泉内閣で内閣府副大臣、安倍内閣で総理大臣補佐官。オープンスカイの実現など国家戦略に基づいた政策を遂行。自民党広報本部長などを経て現在、党政務調査会副会長、税制調査会幹事。

幻冬舎新書 139

自民復権

二〇〇九年八月五日 第一刷発行

著者 石原伸晃＋根本 匠
発行人 見城 徹
編集人 志儀保博
発行所 株式会社 幻冬舎
〒一五一-〇〇五一 東京都渋谷区千駄ヶ谷四-九-七
電話 〇三-五四一一-六二一一(編集)
〇三-五四一一-六二二二(営業)
振替 〇〇一二〇-八-七六七六四三
ブックデザイン 鈴木成一デザイン室
印刷・製本所 中央精版印刷株式会社

GENTOSHA

検印廃止

Printed in Japan ISBN978-4-344-98139-3 C0295
い-6-1

幻冬舎ホームページアドレス http://www.gentosha.co.jp/
*この本に関するご意見・ご感想をメールでお寄せいただく場合は、comment@gentosha.co.jpまで。